ÊTRE UN HOMME

ÊTRE UN HOMME

75 auteurs réunis par
Colum McCann

belfond

Titre original :
THE BOOK OF MEN
Seventy-five writers on *How to be a man*
curated by Colum McCann and the Editors
of Esquire and Narrative 4
publié par Picador, New York

Les textes de Chimamanda Ngozi Adichie, Jodi Angel, Gabriel Byrne, Ben Fountain, David Gilbert, Mohsin Hamid, Marlon James, Ayana Mathis, Colum McCann, Téa Obreht, Salman Rushdie, Juan Gabriel Vásquez, Jess Walter et John Wray ont précédemment été publiés dans *Esquire*, sous des formes légèrement différentes.

Retrouvez-nous sur
www.belfond.fr
www.facebook.com/belfond

Éditions Belfond,
12, avenue d'Italie, 75013 Paris.
Pour le Canada,
Interforum Canada, Inc,
1055, bd René-Lévesque-Est,
Bureau 1100,
Montréal, Québec, H2L 4S5.

ISBN : 978-2-7144-5863-6

Belfond | un département **place des éditeurs**

place
des
éditeurs

Préface

« Où est notre première souffrance ? demandait le philosophe Gaston Bachelard. C'est ce que nous avons hésité à dire... Elle est née dans les heures où nous avons entassé en nous des choses tues. »

Le monde regorge d'histoires tues. Il en est tant qui ne sont pas écoutées, ou partagées. Et donc nos souffrances prolongées s'expliquent par notre inaptitude à parler, notre inaptitude à nous faire entendre.

Narrative 4 se donne pour mission – cet ouvrage en est l'émanation – de renverser les barrières, de briser les stéréotypes, par le simple fait d'échanger des histoires. L'association a vu le jour en 2013 lorsqu'un groupe d'écrivains et de militants s'est réuni dans le Colorado pour s'interroger sur le rôle de la littérature et ses atomes crochus avec l'action sociale. Je citerai parmi eux Ishmael Beah, Terry

Tempest Williams, Darrell Bourque, Reza Aslan, Tobias Wolff, Ron Rash, Firoozeh Dumas, Randall Kenan, Assaf Gavron, Luis Alberto Urrea, Andy Sean Greer et David Wroblewski. Nous partagions le désir de nous engager socialement. De donner quelque chose en retour. Et, très franchement, d'être pertinents.

Nous avons pensé notamment qu'un des plus grands fiascos de notre temps – même dans cette ère de globalisation – a trait à l'absence d'empathie. Notre incapacité à comprendre l'autre est au centre de notre faillite collective. Il est bien trop facile d'écraser un missile dans un marché aux fruits d'une métropole où l'on ne connaît personne. Bien trop facile de polluer les eaux quand on ne veut pas savoir qui ira boire au puits. Bien trop facile d'appuyer sur la détente sans penser au muscle et à l'os après la détonation.

Écrivains et militants, nous avons décidé de joindre nos efforts pour faciliter une meilleure compréhension de l'altérité. Après une semaine d'interrogations dans les montagnes Rocheuses, l'association s'est assigné pour but d'échanger des récits : « Mettez-vous dans ma peau, je me mettrai dans la vôtre. » Sa philosophie se base sur le fait que, si nous nous racontons sans cesse des choses les uns aux autres, il est nécessaire – pour se comprendre vraiment – d'écouter, de partager, et plus encore d'*échanger*. Je deviens ce que vous êtes, devenez ce que je suis. Soyez responsable de ma vie, je serai responsable de la vôtre. C'est une idée simple, et pourtant susceptible de transformer radicalement la triste réalité qui nous entoure.

Nous avons d'abord concentré notre énergie sur les établissements scolaires, et organisé des échanges entre des jeunes de Newtown, dans le Connecticut (lieu de l'effroyable tuerie de l'école primaire Sandy Hook), de Limerick en Irlande, de Tampico au Mexique, de Port Elizabeth en Afrique du Sud, de toute l'agglomération de Chicago (le siège pensant de l'association), et de nombreuses parties du globe.

Se porter responsable de l'existence d'un autre – ne serait-ce qu'un instant – est un acte qui peut affecter toute une vie, se fondre dans un récit universel, s'unir à une somme de narrations et ouvrir les poumons du monde.

Nous avons, parmi nos objectifs, celui de faire raconter un million d'histoires dans cent pays en quelques années. Une narration globale. Le partage est la clé de la transformation : lorsqu'on écoute l'histoire d'une autre personne avec assez d'intensité pour l'habiter, puis la raconter à son tour telle qu'on l'a éprouvée, on devient cet « autre » et l'on voit le monde à travers ses yeux. Le pouvoir réside dans le fait d'accueillir avec soin son récit. L'échange permet d'instaurer une confiance mutuelle qui combat le cynisme, la désolation, et donne une place à l'espérance. On fonde de nouvelles communautés et de nouvelles histoires : un récit pour l'immigration. Un récit pour l'environnement. Un récit pour la religion. Un récit pour la paix.

De même pour *Être un homme*. Ce projet est né de la fusion du rêve et de l'esprit pratique. Pour cela, nous nous sommes une fois encore associés au magazine *Esquire*, qui préparait un numéro intitulé « Comment être un homme ». Nous nous sommes engagés à fournir les plumes, *Esquire* à nous fournir la rampe de lancement. En quelques courtes semaines, des dizaines d'écrivains du monde entier ont offert une nouvelle originale afin de présenter *Narrative 4*. Ce fut une collaboration incroyablement dynamique et électrisante. Nous nous sommes démenés pour respecter des délais assez brefs. Nous avons demandé aux agents et aux éditeurs de nous aider également. Nous avons ouvert nos univers et nos fictions.

Narrative 4 repose pour beaucoup sur la foi et sur l'optimisme. On aurait parfois tendance, actuellement, à considérer l'optimisme comme une attitude complaisante – molle, flasque, timorée. *Narrative 4* démontre le contraire. Nous fouillons l'obscurité pour en extraire la lumière accessible. Cela n'est pour nous qu'une première étape.

Les recettes de ce livre permettront à d'autres de raconter leurs histoires – le sujet n'étant pas seulement de devenir un homme, mais encore une mère, un enfant, un citoyen de cette grande démocratie que nous appelons la narration.

Où naît alors notre aptitude à repousser la souffrance ? Dans la parole, le partage et l'échange.

Merci pour votre propre histoire qui, inévitablement, s'enroule autour de la nôtre.

Colum McCann
Président
Narrative 4

Chimamanda Ngozi Adichie

Traduit de l'anglais par Mona de Pracontal

CHEZ NOUS LE DIMANCHE avait le goût des piments qui enflammaient le riz, les soupes et les plats en sauce. Assis à la cuisine, les genoux encore engourdis par notre passage sur les bancs de l'église, nous regardions notre boy les piler, deux par deux. Il maniait le pilon phallique – boum, boum, boum – et nous toussions et crachotions, les yeux larmoyants. Ça ne se mange pas cru, jamais ; ce n'était pas raisonnable. Nous goûtions, pourtant, pour hurler ensuite et nous ruer sur le frigo en quête de glaçons.

Ma mère chantait une chanson ibo où il était question de femmes fortes. Elle n'était pas banale et parlait d'endroits que ma mère ne connaissait pas, de rivières, de déesses, de femmes qui ne savaient pas lire. Les femmes de ce genre, me disait-on, écrasaient des piments et les enfonçaient entre les jambes de leurs filles – « pour les empêcher d'aller avec des garçons ». Mais Éros était bon envers les garçons. Pas de piments pour freiner la marche des fils vers l'âge d'homme.

L'écrivaine nigériane CHIMAMANDA NGOZI ADICHIE, *récipiendaire d'une bourse MacArthur en 2008, est l'auteur de* L'Hibiscus pourpre, L'Autre Moitié du soleil *et, dernièrement,* Americanah.

Rabih Alameddine

Traduit de l'anglais par Bernard Cohen

CETTE NUIT, les battements de ton cœur m'ont empêché de dormir. Des mois après ta mort, j'avais continué à te voir partout, à t'entendre, et ta voix vibrante, une voix de gorge, résonnait à mes oreilles. Je n'avais pas perdu la raison, je savais que tu étais mort, je t'avais enterré, après tout, ou plutôt brûlé, ils appelaient ça une crémation, et pourtant je ne cessais de te voir, en train de faire la vaisselle dans la cuisine, me tournant le dos, et je t'appelais par ton nom tandis que tu rangeais les assiettes sur notre égouttoir en plastique, mais tu ne te retournais pas pour me regarder, et puis tu t'en allais dans un éclair et je restais avec rien, pas même une dernière vibration. Je ne te confondais pas avec d'autres, je ne t'ai jamais aperçu dans une foule en te prenant pour quelqu'un d'autre, non, ça ne se passait jamais comme ça. Je n'aurais jamais pu me méprendre. Je te voyais dans le couloir, notre couloir, sous la lampe turque que nous avions rapportée de notre voyage à Istanbul, il y a si longtemps, ce devait être en 1987, avant que le fléau ne s'abatte sur nous. Le mal qui allait tuer un si grand nombre d'entre nous. Pendant que tu étais en vie, je t'ai aimé vivant, et je t'aime maintenant, mais pendant un temps, je t'ai oublié. Pardonne-moi, je ne pouvais pas vivre dans cette obsession permanente, alors tu as disparu, ou tu as plongé dans mes profondeurs, c'était comme si j'avais décapé ma mémoire. Mais tu es revenu, tu sais, comme une infection fongique, rappelle-toi – le muguet – les taches blanches cotonneuses qui avaient attaqué ta langue et dont tu n'arrivais pas à te débarrasser, et tu détestais ça, et moi aussi, et tu avais hâte que ça finisse. Cela fait une dizaine d'années que tu n'es plus là, alors pourquoi maintenant, pourquoi venir infecter mes rêves maintenant ? À quoi bon ? Hier matin, je faisais des courses, un jeune tiers-mondiste passait une serpillière sur le sol, de droite à gauche, de gauche à droite, autour d'un panneau jaune qui prévenait « *piso mojado* », l'odeur écœurante du désinfectant a assailli mes sens et là tu as sauté la digue de ma mémoire, juste à ce moment, j'ai pensé à toi. Proust avait ses madeleines, le détergent, mon amour, c'était notre truc rien qu'à nous. Comme les tomates n'avaient pas très bel aspect, je suis rentré à la maison. J'ai été lâche, j'ai eu peur. Note bien que je dis « peur » et non « crainte », c'est toi qui m'as appris la différence, tu m'as expliqué que les enfants avaient peur alors que les hommes pouvaient éprouver de la crainte, même de la terreur, non de la peur. J'ai été tellement seul depuis que tu es mort et que tu m'as laissé, m'abandonnant au déluge, sans la moindre protection. En partant, tu t'es cramponné au barreau du lit et il a fallu que je desserre tes doigts un par un, ça m'a pris cinquante-sept minutes en tout parce que mes mains tremblaient tellement, tu savais ça ? Tu croyais sincèrement que la distance entre toi et moi se dissoudrait un jour. Tu m'as dit que je n'étais pas mon père, et que tu ne l'étais pas non plus, mais comment était-ce possible, comment ? Tu m'as tendu les bras et tu as dit Rejoins-moi, mais je ne pouvais pas, alors tu as dit Laisse-moi t'aimer, mais je ne pouvais pas parce que tu voulais qu'on soit si proches, et tu as tenu le filet des pompiers et tu as dit Saute, mais je ne pouvais pas parce que j'avais l'impression que c'était trop haut, j'ai choisi de retourner dans le feu, comme font les hommes. Je parvenais à peine à supporter ta beauté. Tu as dit, J'ai bien aimé quand tu t'es endormi sur ma poitrine, mais moi j'ai répondu que les poils de ton torse m'avaient irrité la joue et rendu le sommeil difficile. Tu étais absent depuis si longtemps, j'ai continué mon chemin, tout le monde m'assurait que j'étais vivant mais cette nuit, dans mon lit, à chaque fois que mon oreille touchait mon unique oreiller, j'entendais encore une fois les battements de ton cœur.

Encore une fois, s'il te plaît. Encore une. Encore une. Mon cœur sera sans repos tant qu'il ne reposera pas en toi.

L'écrivain et peintre libanais Rabih Alameddine *est l'auteur de* Koolaids, I, the Divine *et, récemment,* An Unnecessary Woman.

Kurt Andersen

Traduit de l'anglais par Bernard Cohen

PARMI TOUTES LES ÉGLISES DE LINCOLN, Sainte-Marie était considérée comme un point de rassemblement, un lieu qui pouvait accueillir des événements fédérateurs en dehors des baptêmes, des mariages ou des funérailles. Ceci parce qu'elle était grande, ancienne et située en plein centre, juste en face du Capitole du Nebraska sur la Rue K., mais aussi parce que, l'alcool y étant proscrit, on pouvait y amener les enfants, et enfin parce qu'elle était catholique, ce qui, vers la moitié du XXe siècle, en faisait une sorte de Suisse pour les protestants, un terrain neutre où luthériens, méthodistes, presbytériens et baptistes se sentaient plus à l'aise que dans un temple d'une autre tendance que la leur. Pour toutes ces raisons, les Lincolniens de tous horizons se retrouvaient volontiers dans le sous-sol de Sainte-Marie pour y jouer au bingo, écouter des orchestres de polka, regarder des spectacles de ventriloques, entre autres.

Au lendemain de Thanksgiving, en 1952, Sainte-Marie avait organisé un dîner-buffet (macaronis) et un « *variety show* » à un dollar cinquante l'entrée. On jouait à guichets fermés. La tête d'affiche était une célébrité locale, un jeune homme qui animait sa propre émission de télévision à Omaha depuis environ deux ans, après avoir terminé ses études à l'université du Nebraska.

Le public était constitué pour moitié de très jeunes gens, parmi lesquels un petit maigrichon de seize ans venu seul et qui, tout rempli d'impatience, se précipitait à présent vers le premier rang. Quelques mois plus tôt, il avait remporté le prix du Meilleur Espoir à la convention nationale des magiciens de Saint Louis. Celui qui allait maintenant se produire sur scène incarnait, à peu de chose près, le genre d'homme qu'il voulait devenir : un gars du Nebraska en route pour la gloire, son diplôme en poche, un magicien *vraiment* amusant et une *star* de la télévision – locale, certes, mais une star tout de même. Et en plus (whaou !), le programme ronéotypé indiquait qu'il avait été champion de boxe dans la marine pendant la guerre. Le jeune gars, que tout le monde au lycée de Lincoln appelait Dick, n'était-il pas lui-même un as de la gymnastique ?

Le nez plongé dans ses notes, il n'a pas remarqué le garçon installé trois sièges plus loin sur la même rangée, un élève de son lycée, deux classes en dessous, qui ce soir est exceptionnellement de sortie avec sa nombreuse famille pour fêter son quatorzième anniversaire. S'ils se sont installés au premier rang, c'est parce que le pauvre Charlie, en plus de ses genoux cagneux et de son zézaiement quand il prononçait les « s », était affligé d'une myopie terrible.

Charlie lançait des coups d'œil furieux en direction de ce frimeur plus âgé qu'il avait déjà vu au gymnase, remarquant le calepin et le stylo à bille que l'autre tenait à la main.

Foutu Gallant ! a-t-il songé. Cet automne-là, une fille très populaire de sa classe avait décidé de le surnommer « Goofus », le méchant qui s'attaquait au gentil Gallant dans la BD *Highlights for Children.*

Le spectacle a commencé. Quand la star de la télé d'Omaha a sauté sur l'estrade, Charlie l'a immédiatement détesté, tout en jalousant son sourire facile, son aisance naturelle et sa célébrité.

Un autre gars, en cinquième celui-là et répondant lui aussi au nom de Richard, était installé au quatrième rang avec ses parents, son frère et sa sœur cadets. C'était sa mère qui avait pris les tickets : elle travaillait de l'autre côté de la rue, à la Direction de la santé du Nebraska, et elle aussi avait été une vedette locale avant l'arrivée des enfants ; elle avait participé trois ans de suite au championnat de handball féminin semi-professionnel. Le petit Dicky, intelligent mais sans fantaisie et toujours méfiant, fronçait les sourcils comme à son habitude : il n'avait pas compris la blague que le présentateur venait de lancer sur la défaite d'Adlai Stevenson aux présidentielles trois semaines plus tôt, et il comprenait encore moins pourquoi son père, un employé fédéral qui avait voté pour le candidat démocrate, riait aussi fort.

Au sixième rang, tout aussi hilare, sinon plus, se trouvait un quatuor composé de l'ancien procureur général de l'État, son épouse, assistante sociale en retraite, et leur fils de vingt-quatre ans, Ted, avocat à Washington, venu avec sa femme passer le week-end de Thanksgiving en famille. Sans cesser de glousser, le père s'est penché à l'oreille du fils pour lui demander s'il avait vu ce Carson se produire du temps où ils étaient à l'université ensemble ; non, a répondu Ted, mais il lui rappelait un peu son nouveau patron, le très jeune sénateur du Massachusetts…

La réaction la plus sonore et la plus stridente à la plaisanterie politique venait du fond de la salle, d'un autre diplômé de fraîche date de l'université du Nebraska, lui aussi rejeton d'un politicien républicain en vue, lui aussi promis à un bel avenir. Après avoir essayé de se faire un nom sur la côte Est, il travaillait maintenant dans le cabinet de courtage de son père à Omaha, mais il venait aussi de faire ses premiers pas d'entrepreneur avec l'achat d'une station-service, et s'il se trouvait à Lincoln ce soir-là, c'était afin d'examiner une autre petite affaire qu'un camarade d'université, membre de la paroisse Sainte-Marie, lui avait conseillé d'acquérir. Il ne buvait pas, et la perspective de passer une soirée en ville à pas cher – « Dîner et spectacle pour trois francs six sous ? » – lui avait paru irrésistible.

En d'autres termes, en ce soir de 1952, sur les dix mille deux cent quatre-vingt-sept individus de sexe masculin habitant Lincoln et âgés de six à vingt-sept ans, trente-sept se trouvaient au sous-sol de l'église catholique Sainte-Marie, le ventre plein de macaronis et de Jell-O, à rire et applaudir à une succession de blagues et de tours de magie. Et six de ces trente-sept jeunes gens allaient devenir célèbres. Le magicien, humoriste et animateur de télévision Johnny Carson se produisait sur scène devant le magicien et futur humoriste-animateur Dick Cavett, devant Charles Starkweather, futur tueur en série, devant Dick Cheney, futur vice-président des États-Unis d'Amérique, devant Theodore Sorenson, futur proche conseiller et auteur des discours du président Kennedy, et devant Warren Buffet, futur milliardaire.

Et le show était excellent.

Kurt Andersen, co-créateur et présentateur de l'émission de radio américaine Studio 360, *est l'auteur de* Riches et célèbres *et, plus récemment, de* True Believers.

Jodi Angel

Traduit de l'anglais par Bernard Cohen

ON L'A CHOPÉ LA MAIN DANS LE SAC, par hasard. On lui est tombé dessus au parc. On était dans la Chevrolet de mon père, pétés à mort. Sur le siège arrière, la petite amie de Richie, celle avec les dents du bonheur, râlait que Bobby ne pouvait pas lui chourer son chien juste parce qu'ils s'étaient engueulés.

Elle a crié : « Là, c'est Bobby ! Avec mon putain de clebs ! »

J'avais pas encore attrapé la batte de base-ball qu'il chialait déjà.

Après, toujours sur la banquette arrière, la petite amie de Richie, celle avec les dents du bonheur, les os saillants de ses hanches s'activant sous moi, a chuchoté : « En fait, c'était pas mon chien. »

J'ai couvert sa bouche avec ma main.

Jodi Angel est l'auteur d'un recueil de nouvelles, You Only Get Letters from Jail.

Taylor Antrim

Traduit de l'anglais par Bernard Cohen

LE TYPE L'A ATTAQUÉE avec un couteau de cuisine. Elle lui a tiré en pleine figure. Parfait, ai-je pensé en remettant les coupures de presse vieilles de dix ans dans son tiroir à culottes. Parce que j'en ai soupé des gentilles filles. Parce que je me sens coupable tout le temps.

Elle, elle dit souvent : Je ne suis *pas* désolée. Ce qui, laissez-moi vous le dire, me donne envie de la choper.

Quand elle veut prendre son pied, elle m'attrape en glissant un doigt dans ma ceinture.

Elle sort toute seule, trois soirs par semaine. Elle a aussi une petite chienne qu'elle aime plus que n'importe quel être humain au monde.

La nuit en question, elle était soûle, mais elle n'a pas été inculpée. Légitime défense. « Je ne suis pas désolée » : je n'arrive pas à le dire comme elle.

Je la trouve en train de regarder des reportages de guerre à la télé. Fallujah. Tal Afar. Bilans des blessés et des morts. Des gars de mon âge. Je dis : Krista. *Krista.*

Au dîner, elle me sort : « Je sais que tu sais », et comme j'en suis à ma troisième bière et que je n'ai pas même de quoi assurer la moitié de l'addition, je tente une blague idiote : je lève les mains en l'air et je dis : « Ne tire pas. »

Elle prend ça bien, pourtant. Elle boit une gorgée de son eau gazeuse, me fixe de ses yeux bleu granit, me fait me sentir encore plus jeune et fauché que je ne le suis.

Ce n'était qu'un mi-temps, et pour de la paperasse en plus, mais dans une vraie agence immobilière. Quand je commets une erreur dans le classement, j'essaie la formule de Krista sur mon chef. Résultat des courses : il me montre la porte.

Est-ce sa faute à elle ? Je chuchote la question dans le salon vide. J'allume la télé de Krista, elle est branchée sur CNN. Des mecs avec la boule à zéro et de grosses lunettes de soleil jouent à « Halo » dans un campement au milieu du désert.

« J'ai droit à une explication », je lui dis quand elle rentre à la maison. Elle jette ses clés sur la table. La bébé chienne, que je n'ai pas promenée, fait des bonds en l'air.

Elle accorde une réponse à mon éclat de colère, qui n'en méritait pas. Elle dit : « C'était son flingue à lui. »

La chienne tourne en rond devant la porte. Je mets en scène ma frustration, tout en pensant : « Il y a au moins six filles dans cette ville à qui je devrais demander pardon. Plus mes anciens profs, plus mon entraîneur à Westside. Plus mon boss. Et Maman. Et Papa. »

Dans le temps, je croyais que c'était ce qui me définissait le mieux, ce besoin de demander pardon.

Je me barre de chez elle. Je trouve un boulot de caissier au Quik Mart. Le bureau de recrutement de la marine est juste à côté. Les affiches sont comme des signes dans le ciel : TROUVE TA MISSION. TA VOIE S'OUVRE ICI. ENGAGE-TOI.

Je commets l'impardonnable : j'emporte la chienne. Je veux que ce soit elle qui m'apprenne comment me comporter, quoi faire, comment être. Parce qu'elle m'aime, elle.

Non. Je comprends que ce n'est pas moi. Elle se love contre moi, câline, et me lèche méthodiquement la main. Elle aime l'homme qui se tient là.

TAYLOR ANTRIM, rédacteur en chef à Vogue, *est l'auteur de* The Headmaster Ritual.

M. C. Armstrong

Traduit de l'anglais par Bernard Cohen

C'ÉTAIT L'ÉTÉ LE PLUS CHAUD JAMAIS ENREGISTRÉ, et comme d'habitude la canicule avait vidé les rues en ce mois d'août, mais alors qu'ils remontaient vers le nord depuis Haïfa, Faris s'est vite rendu compte que le pont était complètement bloqué : enchevêtrement d'autobus, visages boucanés de mendiants et de manifestants. À sa droite, le cours boueux et chargé de poissons morts du Tigre, ou plutôt ce qui en restait. De l'autre côté du pont, l'hôtel Palestine, où le président Hussein devait prononcer son discours une heure plus tard.

« Rien que de vendre un soda ici, ce serait du suicide, a lancé Donovan Hunt, assis à l'arrière.

— Là-bas, vous voulez dire », a corrigé Faris.

Hunt a tapoté la vitre teintée avec son alliance.

« Exact. Là-bas. »

Pas commode, Hunt : un homme d'affaires d'une quarantaine d'années arborant une moustache foncée et des dents trop blanches, le genre de gus qui semble vouloir qu'on sache que son sourire vaut de l'argent, et tout le reste aussi, en conséquence de quoi il faut s'accrocher pour retenir sa précieuse attention. Ce n'était pas le client préféré de Faris, mais il ne lui paraissait pas pour autant très différent des autres. Hunt travaillait pour la société d'investissement Mitchell Wesson. Et il vivait pour l'argent. En d'autres termes, c'était l'Américain typique.

Faris s'est engagé sur le pont et, avec un soupir excédé, il s'est arrêté. C'est toujours pareil avec la canicule : la plupart des gens restent à l'ombre. Et pourtant, alors que les jeux étaient faits, ou presque, il y en avait encore quelques-uns pour se sentir concernés, et ils se tenaient là, créant de la chaleur par-dessus la chaleur, les manifestants alignés sur le pont, les enfants de la révolution avec leurs tatouages et leurs foulards. Des drapeaux américains brûlaient comme des feux rouges dans l'embouteillage. Une femme en soutien-gorge noir et hijab rouge brandissait une pancarte qui disait : « JE SUIS LA PALESTINE. »

« Comment peuvent-ils encore bander pour cette vieille histoire ? » Vingt ans plus tôt, Faris en aurait sans doute lâché le volant d'indignation et fait ravaler sa remarque à Donovan Hunt, quitte à ce qu'ils se retrouvent tous deux au fond du Tigre, mais cette ère était révolue. Un manifestant a frappé sa portière de sa main ouverte et le contact a provoqué l'envoi automatique d'une photo à notre ordinateur central.

« Six, huit, onze », a dit Faris dans sa radio. C'était un message codé pour qu'on lui envoie un itinéraire alternatif et qu'il rentre au plus vite. Ce genre de communications étaient codées pour une raison simple : ne pas inquiéter les clients.

« Hé, allons dîner au Skyhorse », a proposé Hunt. Le Skyhorse était le plus décadent des clubs pour gentlemen de Bagdad. Il y avait des salles de jeux où l'on pouvait choisir un partenaire pour la nuit, femme ou homme, selon ses préférences. « Il me faut un massage Bagdad ; ma troisième jambe me démange. »

Brusquement, une fille aux cheveux ébouriffés sous un voile élimé a répandu un liquide sur tout son corps, comme une miss tee-shirt mouillé s'exhibant sous les yeux de Hunt. Mais ce n'était pas de l'eau qui révélait maintenant ses formes.

Elle a enflammé un billet d'un dollar avec une allumette.

Il est rare que ces protestataires-là commencent par le visage. Peut-être les plus motivés d'entre eux sont-ils moins influencés par la peur que par la recherche de l'effet, et on peut voir la souffrance sur leurs traits jusqu'au bout, alors cet acte symbolique préserve leur humanité. Elle a approché le billet de banque en feu du bord de son voile.

« Mon Dieu ! » a soufflé Hunt.

Je pense aux photos de Chou Lin, des photos qui captent tout sans rien omettre. Pour moi, c'est l'image absolue : des types qui photographient des gens en train de mourir.

Faris a sauté de la voiture, retiré sa veste et couru après la fille en flammes. Il l'a retournée vers lui dans une sorte de danse hallucinée, la pirouette folle de la prophétesse du Jugement dernier se transformant soudain en duo. Il sentait se propager le feu de la colère de la fille dans ses vêtements. Il l'a entourée de ses bras, a perçu l'étrange frisson de la vie encore là. Hunt, qui était resté à sa place, a marmonné : « C'est une blague ou quoi ? »

L'embouteillage constituait maintenant un défi à une question de vie ou de mort. Il fallait emmener au plus vite cette fille à l'hôpital Ibn Al-Bitar. Quand un Africain à la peau très noire qui transportait un caniche gris dans un porte-bébés BabyBjorn s'est faufilé près d'eux sur un scooter violet, Faris, abandonnant sa veste calcinée sur l'asphalte, a installé la fille sur la selle derrière lui et hurlé : « *It-har-rak !* », allez-y !

Plus tard, il se demanderait s'il avait bien agi, s'il n'aurait pas dû laisser la fille accomplir son souhait et adresser au monde son terrible message. Mais tandis qu'il se séchait avec une serviette dans l'habitacle frais du véhicule de fonction, il se sentait très calme, comme s'il était préférable de laisser l'« après » aux autres, aux êtres tels que Donovan Hunt.

M. C. Armstrong a été correspondant de guerre en Irak et a reçu le prix Pushcart pour ses reportages. Il achève actuellement son premier roman.

Dan Barry

Traduit de l'anglais par Bernard Cohen

IL A RÉPÉTÉ SA QUESTION en élevant la voix et en abaissant son verre. Jamais un bon signe : il valait mieux que sa bouche reste occupée par le liquide ambré, sans arrêt.

« Qui t'a fait ça ? » D'une pression du pouce sur la télécommande, il a réduit au silence des informations moins urgentes. « Nom de nom !

— Tu ne comprends pas », ai-je dit.

L'incompréhension était la règle de la maison. Et je me tenais là, moi, son fils de treize ans, à renifler encore et encore pour arrêter la cascade rouge, un œil poché, le front égratigné, ma chemise blanche de l'école paroissiale tachée d'herbe, de boue et de sang. Les épaules étroites, aussi, mais ça, c'était une constante.

Ce jour-là, pourtant, la coupure cuisante à l'intérieur de ma joue avait un goût de sel et de sauvagerie, pareil à celui du premier souffle marin qui suit les vagues sur la plage de Cedar Overlook.

Mon regard allait et venait entre mon père et la reproduction de Rembrandt accrochée au mur derrière lui, acquise au grand magasin Sears de Sunrise Highway parce que nom de nom ! il ne serait pas dit que les Tierney n'avaient pas de classe. *L'Homme au casque d'or,* ce soldat à l'air pas commode, pendait là depuis des années, mais c'est seulement à ce moment que j'ai saisi l'art de la guerre qu'il personnifiait.

« Tu ne comprends pas, ai-je répété : j'ai gagné. »

J'avais gagné.

Les yeux de mon père ont exécuté une petite danse. Il a bu une gorgée et dégluti bruyamment.

« Quel gars c'était ?

— Zor... » Je me suis repris. « Ronald Kapinski. »

Il a hoché la tête.

« Son père est avocat, ou un truc comme ça, a commenté le mien, qui n'était ni avocat ni rien d'autre. Il a son nom sur un immeuble près du Arby's. » Et puis, avec emphase : « Walter J. Kapinski.

— Ouais, possible.

— Il est plus costaud que toi ?

— Je suis plus grand. Mais il pèse plus.

— Raconte-moi ce qui s'est passé », a-t-il demandé en carrant ses fesses dans son fauteuil élimé.

Ma mère se tenait debout à côté de lui, complètement immobile, si ce n'était la volute qui montait lentement de sa Virginia Slim, celle du paquet bleu. Elle avait dans la main un torchon rempli de glaçons qui pendait comme un punching-ball dégonflé. Pour mon œil, ai-je déduit, mais je voulais tout voir pendant que je raconterais mon épopée.

Mon auditoire en connaissait le prologue, litanie de bizutages : j'avais déjà été mêlé à des bagarres auparavant, que je n'avais jamais remportées. Jusqu'à ce jour-là. Alors, je leur ai raconté.

Je sors du bus comme d'habitude quand, bam, Kapinski me tombe dessus par-derrière. Old Stump, le chauffeur, se met à beugler « descendez, descendez ! ». On dégringole les marches, il referme les portes et redémarre. Kapinski est sur moi ; il pleure, crie des trucs bizarres et envoie ses poings dans tous les sens. Tout le monde nous regarde. On dévale la pelouse de Mme Funaro, on se retrouve dans la rue, et là je prends le dessus mais il ne veut pas s'arrêter, donc je continue à le cogner pour qu'il cesse. Je me relève et il s'enfuit en direction de Grand Boulevard. En hurlant et en pleurant. Beaucoup.

« Montre moi tes mains », a dit mon père.

Je ne l'avais pas senti aussi impliqué depuis le Watergate – j'avais dix ans –, quand ces fils de pute au pouvoir avaient enfin reçu la monnaie de leur pièce. Il m'a attrapé par le poignet, sa paume durcie par l'usine toute froide à cause du verre. D'un signe de tête, il a approuvé les phalanges écorchées, la chair à vif.

Ensuite, ma mère a plaqué sans ménagement le torchon sur mon œil gonflé. Après avoir versé une nouvelle rasade à mon père, elle a annoncé que nous avions une petite course à faire, elle et moi, ce que j'ignorais. J'ai lancé la poche de glace fondue dans l'évier et je suis sorti d'un pas assuré.

Elle a enfoncé la clé dans le contact mais n'a pas démarré tout de suite. Elle s'est tournée vers moi, dans l'obscurité de la voiture. « Raconte-moi encore. » J'ai répété mot pour mot mon récit héroïque. Seulement, elle savait. Contrairement à mon père, qui aurait confondu Ronald Kapinski avec Barry Manilow. Mais elle, après toutes ces fêtes d'anniversaire, tous ces matchs de l'Organisation de la jeunesse catholique, et surtout après toutes les descriptions de récréation du darwinisme de cour que je lui avais servies quand j'étais plus jeune, elle savait que les gamins ne cessaient de se moquer de Ronald et de ses oreilles en chou-fleur. « Tu peux les plier, Ronald ? » « Hé, Ronald tu entends ça ? Et ÇA ? Et ÇA ??? » Sans répit. Ridiculiser à mort. « Hé, Ronald, hé, Crétin, hé, Zoreilles ! »

Zoreilles Kapinski. Zoreilles.

« Pourquoi ce malheureux garçon t'a attaqué ? » Un haussement d'épaules, un « chaipas » marmonné. « Pourquoi ?

— Je… je l'ai appelé…

— Comment ?

— Zoreilles. »

D'un geste résolu, elle a mis le contact.

« Où on va ? » ai-je demandé d'une voix maintenant plus aiguë.

Pas de réponse. Rien que le tic-tac du clignotant, à droite au feu. Quand nous nous sommes arrêtés devant une maison de plain-pied rouge et blanc sur Grand Boulevard, j'ai soufflé « Pas question ». Pas question. « Pas question ! », et là c'était une supplique et mon œil au beurre noir s'est mis à suinter.

« Je ne peux pas », ai-je bredouillé.

Un lampadaire projetait un éclairage de film policier sur le visage de ma mère. À travers mes larmes, celles d'hier et celles d'aujourd'hui, je la revois : jolie comme un galet scintillant sur une plage de sable, cheveux auburn à la coupe courte et pratique, supportant tout cela parce qu'elle en avait fait le serment, ma protectrice, morte à soixante ans.

En train de m'étudier. De m'évaluer.

« Peux pas, ai-je encore marmonné. Je t'en prie… »

Elle a tendu le bras par-dessus mes jambes pour ouvrir la porte du passager. C'est ainsi, dans ces moments, que nous devenons qui nous sommes. J'ai traîné mes semelles de plomb sur les dalles de l'allée, enfonçant mes mains abîmées loin dans mes poches.

DAN BARRY, qui tient la rubrique « Ce pays » au New York Times, *est l'auteur de trois livres, le plus récent étant* Bottom of the 33rd : Hope, Redemption, and Baseball's Longest Game.

Gioconda Belli

Traduit de l'anglais par Bernard Cohen

À REVENIR EN HOMME, le plus dur pour moi a été de m'habituer à ce machin qui se balançait entre mes jambes. Auparavant, mon retour s'était effectué sous la forme d'un chien, puis d'un chat, puis d'un perroquet, et j'attendais avec impatience le jour où je reviendrais en tant qu'être humain. La première fois, j'avais été une femme. Être un homme, toutefois, requiert une forte musculature. Littéralement. Au cours de l'enfance, je ne m'en suis pas tellement rendu compte : il n'y avait pas une grande différence entre les deux sexes, à part la facilité qu'avaient les garçons à uriner partout. En parvenant à l'adolescence, pourtant, tout s'est accéléré à un point affolant. Ma voix a changé, des poils ont poussé sur mon corps et j'ai découvert que mon pénis avait une vie bien à lui. Je regrettais la discrétion de l'anatomie féminine, quand je pouvais fantasmer tout ce que je voulais sans que mon corps ne me crée d'ennuis. L'état masculin, au contraire, transformait en épreuve jusqu'au simple fait d'aller à l'église en famille le dimanche. J'aimais m'y rendre, j'ai même été enfant de chœur un temps, mais dès que les hormones ont commencé à se déchaîner en moi, ce rite dominical est devenu une torture par érection. À l'église, il y avait des filles, des filles dont les odeurs et les gloussements produisaient des courants électriques qui finissaient inévitablement par parvenir jusqu'à mon membre aux aguets. Je parvenais difficilement à le rabattre de côté en enfonçant la main dans la poche de mon pantalon. Simulant la dévotion, je m'agenouillais sur le banc, je fermais les yeux et je pensais aux atrocités de l'enfer, fosses sans fond où je serais submergé dans quelque chaudron bouillant, anges criblant mon corps dénudé de leurs flèches, supplices innommables de dents et d'ongles arrachés. Après un moment, je ressentais les effets amollissants de ces punitions imaginaires et j'arrivais à me ressaisir suffisamment pour rester debout près de mes parents à la fin de l'office et saluer leurs amis ou connaissances.

Il n'empêche que j'ai développé une curiosité grandissante, et pleine d'excitation, envers la perspective de connaître le sexe en tant qu'homme. Je n'avais que de vagues souvenirs de mon passage en tant que femme. Très vagues, j'insiste. Parfois, je ne savais plus si mes réminiscences provenaient de telle vie ou de telle autre : instants de paresse devant une fenêtre, visions de paysages, effluves, tout se brouillait dans mes multiples réincarnations et ces souvenirs auraient pu appartenir aussi bien à mon existence de femme qu'à celle de chien, ou de chat. Ceux de ma vie de perroquet étaient les plus spécifiques, à cause des sensations du vol : je me rappelais bien les visions larges de champs verts, et les appels aigus des troupeaux quand on passait au-dessus d'eux à tire-d'aile au crépuscule. Cela étant, mes souvenirs de la sexualité étaient féminins : dans ma mémoire, c'était un froissement de jupes relevées, la sensation d'être poussée sans ménagement contre un mur, puis d'un bâton s'enfonçant obstinément en moi. Brutal. Ce que j'aimais, c'était les baisers, et puis ce qui naissait entre mes jambes, mélangé à la douleur, une sorte de chatouillement dans la matrice, quelque chose d'impossible à décrire. L'impression générale, toutefois, avait été celle d'une soumission. D'être prise, non de prendre.

D'après ce que j'avais entendu, je supposais que, maintenant homme, ce serait le contraire. Et c'était une idée séduisante, tout comme l'était l'attente du plaisir physique. Car je n'avais pas oublié qu'en ma vie de femme, j'avais poussé plus d'une fois mes doigts dans mon vagin, me demandant ce qu'il y avait là qui rendait les hommes fous. J'avais voulu découvrir ce secret, et maintenant ma chance était venue.

Je n'avais toutefois pas prévu la quantité d'efforts que cela supposait. Les filles étaient fuyantes et trompeuses. Il existait un hiatus entre ce qu'elles paraissaient prêtes à faire et ce qu'elles faisaient réellement. On était facilement tourné en bourrique. En tant que chien ou chat, j'aurais pu me passer des approches, de la parade de séduction, de la cour. En tant qu'homme, impossible. Apparemment, cette phase était essentielle : les mots justes, le moment opportun et même le premier frôlement pouvaient tout emporter ou tout ruiner. Ce qui rendait la chose doublement difficile, c'était de les regarder : la texture de leur peau, les globes de leurs seins émergeant de leur débardeur ou de ces riens en dentelle avec lesquels elles provoquaient, ou dévorer des yeux ces rondeurs jumelles sous leur jean et imaginer le retirer de même qu'on pèle un fruit... Moi, j'étais particulièrement sensible aux odeurs. Cela devait venir de mon ancienne vie de chien. Ces animaux-là mettent naturellement le nez partout, reniflent sans la moindre gêne, vont droit au con, au cul. Splendide. Mais ma condition d'homme ne me permettait pas d'en faire autant. Il fallait engager la conversation et l'alimenter, ce qui n'était pas si terrible, d'ailleurs. Des fois, c'était presque pareil que de s'en mettre plein les narines. Certaines filles étaient capables de danser avec les mots, de créer des broderies compliquées dans la tête de quelqu'un, mais le plus souvent elles étaient aussi les plus inaccessibles, celles qui vous faisaient perdre le plus de temps.

Et pourtant, c'est arrivé. Oui, finalement. Après être passé maître dans l'art de baratiner et de courtiser, j'ai enfin touché au but. Elle était magnifique. Pas une fille, une femme. Une serveuse. Gina. Brune, tout en courbes, avec une voix à la fois satinée et grave. Je n'ai pas eu besoin de l'inviter à dîner et à boire comme les autres. Nous avons partagé une bouteille de vin blanc, si, et ensuite nous sommes allés chez elle. Nous avons commencé à nous embrasser. La bouche d'une femme, c'est un monde en soi : les dents toutes petites, la langue pointue, l'haleine et les soupirs, les gémissements quand ils s'intensifient... C'est à ce moment que j'ai été complètement à l'unisson de mon pénis. Il paraissait si juste de le laisser s'avancer, se dresser, se préparer tel un nageur sur le point de plonger dans la piscine bleue, de se lancer dans les profondeurs, redoutant et espérant à la fois l'expérience. Allais-je y arriver ? La question s'est posée. C'était intimidant, d'être avec une créature si voluptueuse et si prête sans être certain de pouvoir assurer. Mais je me suis dit : « Pourquoi pas ? », et toutes mes vies antérieures sont alors venues à ma rescousse. Ayant été une femme, je savais qu'il n'était pas question d'accomplir une prouesse technique, mais simplement d'être là, de savourer chaque minute et de reconnaître la présence de l'autre. Elle n'avait pas besoin de moi pour atteindre son plaisir et, par ailleurs, j'avais désespérément envie de me retrouver en elle. Je le voulais de toutes mes forces. Voilà qui était inédit. Pour un chien, un chat ou un perroquet, c'est complètement différent : pas de notion de plaisir, juste les odeurs et la mécanique d'un instinct irrépressible. Mais là, en tant qu'homme, une fois en elle, j'ai senti sa chair m'agripper et m'envelopper, palpiter autour de moi, douce, ferme et puissante. J'ai perçu la force de la matrice qui m'accueillait, m'entraînait toujours plus profond, et de ses bras, de ses ongles sur mes épaules, et de tout ce qui sortait de sa gorge et explosait dans mes oreilles, et quand j'ai joui, quand le monde s'est mis à chanter autour de moi, j'ai juré de mener une bonne vie, d'être honnête et digne de confiance, d'accomplir tout ce qu'il fallait pour devenir un vrai homme et ne plus jamais revenir en chat, en chien ou en perroquet. Mais en femme, si, absolument. Depuis que j'ai été à l'intérieur d'un esprit d'homme, je sais que c'est juste aussi bon. Juste aussi bon.

Romancière et activiste nicaraguayenne, Gioconda Belli *est l'auteur du* Pays que j'ai dans la peau : mémoires d'amour et de guerre *et de* L'Infini dans la paume de la main.

John Berger

Traduit de l'anglais par Pascal Arnaud

LORSQU'IL ÉTAIT ENFANT – à peu près entre quatre et six ans –, le sens de ce qu'était la Nature était en lui très fort. Comme chez la plupart des enfants. Souvent, plus tard, ce sens est démantelé et mis en pièces par la Raison, l'esprit de compétition et autres priorités adultes.

La Nature avait pour lui la forme d'un œuf qui l'englobait, lui et tout ce qui lui arrivait. Elle contenait en plus tout ce qui existait. Il se la représentait comme un œuf parce qu'elle était un contenant sans angles. Hors d'elle, il n'y avait rien. Rien.

La plupart de ce qui était à l'intérieur était invisible et indéterminé, mais bel et bien là, aussi présent que ses deux pieds ou les dents dans sa bouche.

Ce qu'il pouvait observer de la Nature et qui était visible se trouvait aussi à l'intérieur de l'œuf. Une rangée d'arbres. Un cheval. Une carotte. La lune. Un hérisson. Une rivière. Chacune de ces choses visibles recelait en soi des choses invisibles et sans nom auxquelles il était relié.

La chose visible était le messager ou le signe de toutes les choses invisibles qui s'y bousculaient, grouillantes. La filiation entre visible et invisible était toutefois physique, non symbolique.

Carotte était ainsi le messager ou l'émissaire de rousseur, forme pointue, racine, sable, blaireau, feuilles filigranées, pluie, goût qui vient au palais, pénétration.

Aux yeux du garçon, la singularité et l'évidence d'une carotte dépendaient de toutes ces intrications et rapports qu'il était à même de sentir (de ses cinq sens), mais incapable d'identifier ou nommer.

Et le garçon se disait que lorsqu'il serait un homme (il se disait cela quand il était seul) – lorsqu'il serait un homme, il ne devrait jamais perdre l'œuf.

Critique d'art, peintre et romancier, JOHN BERGER *est né en 1926. Il est l'auteur d'*Un peintre de notre temps, *de* G. *(Booker Prize 1972) et du recueil d'essais* Voir le voir.

Amy Bloom

Traduit de l'anglais par Michèle Lévy-Bram

AU NITE CAP, Vera Williams détestait les pauses entre deux numéros. Elle les employait à transpirer, à préparer sa peau, l'exfolier. Le vitiligo ne faisait jamais relâche, il gagnait, dans tous les sens du terme. Elle buvait un grand verre d'eau et un thé brûlant sucré au miel dans la loge infecte, et il ne lui restait plus que deux minutes pour souffler au bar avant de reprendre. Elle avait remarqué que lorsqu'elle se maquillait en Blanche, elle devenait plus conventionnelle, à tous égards. Rouge à lèvres rose pastel, boucles d'oreilles en perle, et tralala. Récemment, elle n'avait pas vraiment eu l'occasion de se livrer à cet exercice. Depuis le début de la guerre, les gens faisaient plus attention les uns aux autres. Les nègres[1] comme les Blancs regardaient avec suspicion les Blancs au

1. Nous sommes à New York en 1943. À l'époque où se situe l'action, dans les deux pays, le mot *Negro*, traduit ici par « nègre », adjectif et/ou substantif, n'était pas péjoratif. Le

teint mat, les Chinois, les Japonais, les gens qui avaient un accent. Avant, quand on se disait blanc, les gens vous croyaient sur parole, a fortiori quand on se disait noir. Vera trouvait que se faire passer trop souvent pour blanche serait jouer avec le feu ; pourtant, cela la démangeait parfois de refaire Doris Day – elle avait gardé le fourreau rose ultra-moulant et les gants blancs nécessaires au rôle. À Reno, pendant près d'une semaine, elle avait été Doris Day, accompagnée par un quartette blanc au fond de la scène. Le trompettiste n'était pas vraiment un homme. C'était un petit gars dodu au visage doux, dont personne n'avait dit à sa femme et ses trois fils (Vera s'était interrogée sur l'existence de ces improbables balèzes) que le « mari » était en réalité une délicieuse fille dodue au visage doux, capable de swinguer toute la nuit à la trompette, après avoir décidé qu'elle aurait de meilleures chances en homme.

Parfois, quand le quartette avait joué toute la session avec un retard d'un demi-temps sur sa chanteuse, Vera, par rancune ou contrariété, s'imaginait en train de barbouiller de rouge les joues rondes du trompettiste, ou de rabattre sa houppette gominée en une seyante mèche crantée. Un geste aurait suffi pour qu'*elle* ne soit plus jamais *il*.

---

substantif *Black* n'existait pas. (*Note conjointe de l'auteur et de sa traductrice.*)

Quand Vera appliquait sa couleur, reliant les mers et les pâles détroits aux îlots sombres, de jour en jour plus exigus, il lui était difficile de ne pas penser qu'elle « se grimait en négresse ». Elle charbonnait ses sourcils en accents circonflexes, remplissait sa lèvre supérieure irrégulièrement décolorée avec une crème rubis dénommée « Cerise dans la neige ». Son nez, un vrai défi à affiner quand elle se voulait blanche, était sinon une consolation. C'était un nez de Noire. Quand elle se voulait telle, elle appliquait une touche de maquillage beige pour en élargir la base, afin de dissiper le moindre doute. À osciller ainsi entre les races on se rend compte que ce qui les définit est pour l'essentiel une illusion – une réalité politique et historique, certes, mais très largement une simple question d'apparence. Comme le nez de Rudolph Valentino. Comment les gens se débrouillent-ils pour ne pas voir que ce blair est universel ! On le voit sur tous les visages patriciens d'hommes blancs entre Philly et Boston. On le voit sur la moitié des Italiens de New York, les Tony et autres Guido. On le voit aux actualités cinématographiques sur presque tous nos plus beaux pilotes de chasse « de couleur ». Une arête droite et aristocratique qui se termine en bec d'aigle. Comment les gens ne voient-ils pas que c'est le même nez ? C'est probablement la même bite, aussi. Vera connaissait une fille qui avait rencontré Errol Flynn à Hollywood et, selon elle, la sienne n'était pas plus longue que l'index, mais épaisse comme une bûche de Noël. On dit la même chose de nombre d'Italiens, et aussi des pilotes noirs de l'escadrille des Tuskegee.

18 juin 1943

Chère miss Williams,

Je vous écris au terme d'une soirée passée au Nite Cap. Je suis le gars qui vous a offert un cocktail à la crème de menthe durant la pause, mais vous avez tellement d'admirateurs que vous rappeler ce fait pourrait bien ne pas servir ma cause. Votre interprétation était splendide. Je pense que Lena Horne elle-même aurait applaudi votre Stormy Weather *ainsi que votre version très réussie de* Sentimental Journey. *Je reviendrai au Nite Cap dimanche prochain. Si vous le permettez, je vous offrirai de nouveau un verre.*

Bien à vous, dans l'admiration.

Edward V. Moore

Il n'avait pas écrit *je suis le Blanc qui...*, parce qu'il était possible que d'autres Blancs aient assisté au concert même s'il n'en avait repéré aucun. Il trouvait à sa missive un petit côté emprunté qu'il n'avait pas prévu. De sa vie, il n'avait utilisé le mot « gars », mais il était bel et bien un majordome anglais fourvoyé dans un cabaret noir, et sa balourdise pouvait être un atout. Sa vie présente de majordome était fort différente de celle qu'il avait menée lorsqu'il enseignait encore l'anglais, mais il mangeait mieux, il était mieux payé, et ses collègues de travail, en fin de compte, n'étaient pas pires.

Edward ne s'était pas demandé quelle serait l'ambiance au Nite Cap. Il avait sa soirée du samedi libre, ce qui était rare. D'ordinaire, ses patrons, les Torelli, invitaient ce jour-là toute leur parentèle – fréquemment jusqu'à trente personnes à nourrir. Edward s'occupait des boissons, servait les prêtres, supervisait le buffet et reconduisait jusque dans le Bronx (« La terre d'où ils venaient », disaient Joe Torelli et la Bible) les cousins bagarreurs qu'il n'avait pas réussi à tenir loin du scotch de son patron. Les bars irlandais de Great Neck, Long Island, étaient sans charme et souvent violents, et Manhattan était si vaste qu'on s'y perdait. Il voulait écouter du jazz dans un endroit où personne ne le connaîtrait, ni ne souhaiterait le connaître. Un besoin d'anonymat, en somme. Dans les bars, les gens tiennent souvent à rester anonymes, mais ils ne veulent pas être invisibles. Quand on veut être invisible, on reste chez soi. Au Nite Cap, Edward n'était pas invisible. On ne voyait que lui, mais pas pour les bonnes raisons. Il était le seul Blanc dans une assemblée exclusivement noire, ce qui ne lui était jamais arrivé. Le videur l'était, la préposée au vestiaire, une grande fille à la peau veloutée, l'était, le barman, un costaud au crâne rasé l'était – tout le monde autour de lui l'était, hommes et femmes.

Au Windsor College, il s'était souvent retrouvé le seul homme au milieu d'un vaste groupe entièrement féminin, et cela ne l'avait jamais gêné. Au contraire, c'était plutôt agréable. Des femmes bien élevées ne s'attaquent pas à un collègue et, en admettant qu'elles le fassent, leurs armes ne sont que des mots. Le Nite Cap était bourré de filles aux traits tirés qui travaillaient dur pour survivre, et on voyait même, tant chez elles que chez les hommes, des visages couturés, des mains épaisses et abîmées qui indiquaient, sinon une activité dangereuse, du moins un travail de force pour les deux sexes : des manœuvres, des ouvriers agricoles, des camionneurs, des cuisiniers, des combattants. Edward, assis à une petite table bancale, attendit son gin dix bonnes minutes. Le garçon plaça le verre devant lui avec mauvaise grâce, n'ouvrant sa main qu'au dernier moment pour prendre le billet qu'Edward lui tendait : cinq dollars (« Gardez la monnaie »). Le garçon repartit d'un pas plus vif qui laissait présager que son client pouvait désormais prétendre à un service correct. Avec ce pourboire, Edward avait cédé à une impulsion conciliatrice. S'il avait su quel cadeau faire pour que ces hommes lui sourient, et que ces femmes lui pardonnent, il l'aurait fait. Il était prêt à monter sur la petite scène pour tenter un numéro de claquettes, se moquer de lui-même, de son teint d'endive et de son accent snob, prouver son innocuité fondamentale afin de pouvoir rester dans ce lieu sans y laisser la peau.

1er juillet 1943

Chère miss Williams,

Ce fut un plaisir de vous revoir. Je crains d'avoir interrompu votre conversation avec votre collègue, le batteur, et je vous prie de m'en excuser. Je suis ravi que vous vous rappeliez m'avoir rencontré devant le petit restaurant Silver Star. Moi, comment aurais-je pu l'oublier ? Accepteriez-vous de passer avec moi la soirée de mercredi, à Manhattan ? Ma fille joue dans une pièce d'avant-garde. J'espérais que nous pourrions y assister, puis souper chez Gino. Le propriétaire, M. Circiello, est un fan de jazz qui, j'en suis sûr, serait très honoré de vous recevoir dans son restaurant.

Edward était conscient du fait que sortir avec Vera présenterait certaines difficultés. Il avait presque vingt ans de plus qu'elle. Il était blanc. Il n'était pas riche. (Il n'était pas même sûr, dans ce domaine, de répondre aux exigences minimales d'une chanteuse de jazz noire de Long Island.) Il se donnait un mal fou pour trouver des endroits qui les accueilleraient en couple, privilégiant bien sûr Greenwich Village. Selon Earl, le barman du Nite Cap, quelques clubs de Harlem les accepteraient... mais c'était loin.

Vera, qui était née et avait grandi en Amérique, n'entretenait à ce sujet aucune illusion : « Vous avez votre propre appartement ? » lui avait-elle demandé.

Edward et Vera descendaient Hudson Street. Pour juillet, c'était une nuit frisquette et venteuse. Elle sentait le froid à travers ses bas et regrettait de n'avoir pas emporté un cardigan. Edward s'en aperçut. « Vous rencontrerez ma fille une autre fois, dit-il. Le plus important, c'est qu'on vous mette au chaud. »

Vera se dit qu'un homme qui faisait passer le confort de la femme qu'il courtisait avant le plaisir qu'il ferait à sa fille en allant la regarder jouer méritait d'être fréquenté. Edward le comprit et remercia le ciel pour sa bonne fortune. Le dîner chez Gino fut exactement comme ils l'avaient imaginé ; ils adoraient la cuisine italienne, car elle était tout ce dont leur éducation les avait l'un et l'autre privés. Portions généreuses, sauce tomate épaisse et parfaitement épicée – on pouvait imaginer une *mamma* au grand cœur, plantureuse, absolument différente de leurs mères respectives, touiller une marmite en fredonnant une *canzonetta.* M. Circiello, s'il ne les avait pas accueillis avec des égards particuliers, n'avait pas eu le moindre haussement de sourcil en les voyant et les avait installés à une bonne table avant de les saluer (« *Good night, signorina, good night, signore*). La soirée avait été un succès. On les avait vus, on les avait servis, on les avait remerciés. Edward reconduisit Vera en voiture jusqu'à l'appartement qu'elle louait à la cousine de son batteur. Ils restèrent un moment assis dans l'auto. Edward alluma la radio.

« On ressemble à un couple d'adolescents, sourit Vera.

— Vous surtout : vous êtes une fleur de printemps. C'est au Ritz que j'aurais dû vous emmener. »

Vera se tut un moment puis finit par dire :

« Si le Ritz était tout proche, vous m'y inviteriez, c'est ça ? »

Ils étaient quelque part entre le badinage et l'amertume d'une femme envers un homme qui ne l'apprécie pas à sa juste valeur. Et Edward était en empathie totale avec la position de Vera.

« Vera, je suis trop vieux pour vous et je ne suis pas riche. Je veux vous sortir tous les soirs où nous serons libres tous les deux, je veux que nous allions dans les meilleurs clubs et les restaurants aussi délicieux que Gino. Sauf que j'aurai du mal à payer tout cela avec un salaire de majordome. Si j'obéissais à mes pulsions, je volerais l'argenterie des Torelli, la mettrais en gage dans un de ces bureaux devant lesquels nous sommes passés ce soir, et, à moins d'être très, très astucieux, je finirais le reste de ma vie à la prison d'État, à casser des cailloux.

— Je vois ça d'ici ! Vous, les chaînes aux pieds, en train de chanter *Diamond Joe* de l'aube au crépuscule…

— Je connais *Diamond Joe.*

— Non !

– J'aurais peut-être un peu de mal avec la mélodie. »

Il la chanta, pas mal du tout, avec son propre accent.

Ain't gonna work in the country
And neither on Forrester's farm
I'm gonna stay till my Marybelle come…
Will I stand this rotten old jail
Till the day I die[1] ?

Vera sourit en secouant la tête. « Oh, je sais, je ne peux pas vous impressionner », dit Edward. Il se pencha pour l'embrasser dans le cou et sur la joue. Il aurait voulu la démaquiller à coups de langue, embrasser la Vera parfaite, la Vera mouchetée qui était en dessous. Elle pensa que, s'il le faisait, ce serait bien ; que s'il le faisait, ce serait comme de l'eau fraîche sur son cœur blessé.

AMY BLOOM est l'auteur de trois recueils de nouvelles et de deux romans. Elle travaille actuellement à son troisième, Lucky Us.

1. J'irai pas travailler à la campagne / Ni à la ferme Forrester/Je vais rester ici à attendre Marybelle… / Comment supporter cette vieille prison pourrie / jusqu'au jour de ma mort ?

Darrell Bourque

Traduit de l'anglais par Bernard Cohen

IL PLEUVAIT *sur les Fontenot à Ville Platte et Mamou...*

À peine levé, j'ai enfilé le masque en grillage que ma tante m'avait fabriqué. Ce jour-là, je voulais me voir différent de d'habitude. L'orage – chose rare en février – m'avait réveillé encore plus tôt que je ne l'avais prévu. Et me voilà, dans l'obscurité faiblissante, avec mon frère, en train d'ajuster les contreforts du soutien-gorge que ma grand-mère lui avait donné à porter. Il allait être elle jeune fille, avec de gros nénés et un gros cul – déjà à l'époque. Elle lui avait aussi passé sa vieille culotte, en lui expliquant comment la rembourrer, et une robe de soirée qu'elle conservait depuis des années dans sa vieille malle.

... pleuvait sur les Meaux et les Soileau à Iota et Kaplan...

J'allais participer à la course vêtu du costume traditionnel. Une capuche rappelant les temps médiévaux, une veste et un pantalon flottant sur moi comme un pyjama trop grand – en réalité une tenue verte d'agent hospitalier que mon oncle portait pendant son service. Mon arrière-grand-mère avait puisé pour moi des rectangles de chiffons de couleurs vives dans son panier de patchwork, de sorte que lorsque, avec les autres garçons, je poursuivrais les poulets destinés à la grande marmite de gumbo que nous allions faire cuire le soir, je serais comme un tourbillon multicolore avec tous ces bouts de tissu cousus sur le fond vert, comme les pièces d'une mosaïque.

... pleuvait sur les Daigle et les Thibodeaux à Church Point...

Ce jour-là, je n'avais pas envie de voir Joe, ou T-Boy, ou Beau, ou So-Lay, ni aucun des sobriquets auxquels je répondais : je ne voulais pas être Joseph Clarence Beausoleil Broussard, le prénom hérité de mon grand-père dont la lucidité était quelquefois un peu obscurcie par son amour de la bouteille, Beausoleil comme mon ancêtre le plus éloigné dont le visage ensoleillé par un sourire était un masque pour sa vie de franc-tireur. Ce n'est pas exactement que je ne voulais pas être comme eux, mais je voulais être autrement aussi, même pour un seul jour, le jour des fous.

… pleuvait sur les Cherami et les Voisin à Chauvin et Cocodrie…

Dans quelques heures, nous nous joindrons aux hommes plus âgés. Nous partirons à cheval à travers la campagne, suivis par des chariots transportant des violoneux et des accordéonistes, des gamins tapant sur des triangles ou actionnant des frottoirs. Tels les gueux d'autrefois, nous remplirons le silence de bruit, mettrons pied à terre devant chaque maison pour quémander quelques pièces, ou des poulets, ou ce qu'on voudra bien nous donner, et danser dans la boue ou la poussière, selon le temps qu'il fait. Aujourd'hui, ce sera évidemment dans la boue.

… pleuvait sur les Olivier, les Sigue et les Boutte à Grand Marais…

Dès le début, nous prendrons nos frères par le bras pour chanter et danser, pourchasser les poulets dans les champs et les pâtures, sauter des fossés, ramper sous les fermes à pilotis s'il le faut. Nous serons pris sur le fait. Nous serons le feu et l'air. Pour ceux qui nous regarderont depuis les bas-côtés, nous serons des fous, des travestis, des pantins grotesques rattrapés par une souffrance impossible à dissiper malgré nos bonds et nos entrechats. Nous serons les résidus d'un rêve dans lequel ils s'apprêtaient à être engloutis.

... pleuvait sur les Delafosse, les Thierry et les Guillory à Mallet...

En me regardant à travers le grillage dans la demi-lumière du petit matin, j'ai compris que quelque chose clochait, ou simplement que quelque chose n'avait pas encore été découvert à propos de ce que nous étions. En ce jour où tout pouvait aller dans tous les sens, j'ai vu la vérité que recelait ce dans-tous-les-sens. Pendant la journée des fous, le carnaval, la marche inexorable de l'histoire n'avait pas de sens. Que les choses aillent dans une seule direction n'aurait pas été juste, ni ce jour-là, ni aucun autre. Je n'avais jamais eu l'impression d'être une *idée reçue*, et je savais déjà qu'elles sont toujours des mensonges, des salissures.

... pleuvait sur les Ancelet, les Guilbeau et les Babineau à Beau-Bassin...

Ce soir, une fois revenus à notre point de départ, ceux qui nous ont regardés en se moquant prépareront un grand repas. Certains d'entre nous enfileront des habits plus propres, plus secs. Nous mangerons et boirons tous ensemble, au moins jusqu'à minuit. Nous danserons et danserons, au moins jusqu'à minuit. Et puis, nous rentrerons à la maison. Sous les costumes et la folie, il y a surtout des garçons solitaires qui souffrent des tours que le désir leur joue en silence. Quand j'enlève mon déguisement à la fin de cette journée, je ne veux pas être différent de chacun d'eux. Mais en retirant mon masque, je veux pouvoir me regarder et voir à nouveau Joe, et Beau, et So-Lay, et T-Boy. Je veux voir aussi le vieux fou des proverbes, et peut-être mon ivrogne de grand-père avec son pantalon déchiré, faisant un pas dans l'abîme comme vers une idée neuve, et je veux le suivre où qu'il aille.

Auteur de six recueils de poésie, DARRELL BOURQUE *est professeur honoraire à l'université de Louisiane à Lafayette. Il a été poète officiel de la Louisiane.*

John Boyne

Traduit de l'anglais par Bernard Cohen

LE VOILÀ À CET INSTANT, debout sur le pont qui enjambe les voies à la gare de Blackrock, du haut de ses neuf ans et de son mètre trente-cinq. Il est petit pour son âge, et maigre, en plus. Tous ses frères, au contraire, sont de grands gaillards. Quand une fille lui rend visite, son aîné s'amuse à poser sa tasse de thé sur la tête du garçon. Il est petit, donc, mais assez grand pour passer un pied entre les barreaux de la rambarde et se hisser dessus, s'asseoir sur la main courante, les jambes pendant dans le vide, les yeux sur la mer d'Irlande et la pointe de Howth cachée par le brouillard.

Il en a cinq, des frères, et un père. Pas de mère. Elle est morte il y a neuf ans. Il est venu au monde et elle l'a quitté. Son père est fier de sa maison. Il passe l'aspirateur, nettoie, fait reluire. Soulève chaque objet pour passer le chiffon à poussière.

Les chaussures restent à l'entrée. Ils n'habitent pas loin, un peu plus bas sur Seapoint Avenue.

« Tu as de la veine, lui dit M. Le-voisin-d'à-côté. Moi, j'étais le seul gars dans une maison pleine de femmes. J'avais sept sœurs et une maman. Papa est mort quand son camion à lait a percuté une Rolls-Royce dans Gardiner Street. » M. Le-voisin-d'à-côté semble très fier de cette fin : quand il prononce le mot Rolls-Royce, on voit son torse se gonfler. Son torse nu. Là où il aime que le garçon l'embrasse quand il lui apprend. Son papa lui avait aussi appris, raconte-t-il, avant la collision de Gardiner Street. Il transmet l'enseignement à son tour : tous les garçons devraient apprendre comment devenir un homme.

Il pleuviote, rien de très fort mais il lève le visage vers le ciel et ferme les yeux, laissant les gouttes tomber sur lui, le laver. Après ses leçons, M. Le-voisin-d'à-côté aime lui donner un bain. « Ce serait le travail de ta maman si elle était encore parmi nous, dit-il. C'était une sainte. Quelle tristesse que tu ne l'aies pas connue. »

Il se rappelle le jour où son professeur de géographie a emmené la classe visiter la pointe de Howth en bateau. Il leur a dit qu'ils allaient observer la flore et la faune et qu'ils devraient ensuite mettre par écrit tout ce qu'ils auraient vu.

Danny Masters, qui était fortiche en dessin, ferait quelques croquis à accrocher aux murs de la salle de classe. Le professeur leur avait parlé de cet endroit comme si c'était un pays étranger, exotique, mais au final ils n'avaient pas eu grand-chose à regarder : des mares prises dans les rochers avec des grenouilles, de la vase et une vieille botte abandonnée au milieu. Danny Masters avait dessiné le prof en train de pisser derrière un buisson. Ils s'étaient battus pour l'avoir.

Une rafale de vent le déséquilibre soudain. Il s'agrippe à la rambarde. Baissant les yeux, il fixe les rails et les milliers de cailloux du ballast. Par là, ils conduisent à Dún Laoghaire, Dalkey, Greystones ; dans l'autre sens, c'est Lansdowne Road, Connolly et Malahide. Pas de rats. L'un de ses frères raconte souvent la fois où il en a compté pas moins de quarante-deux détalant sur la voie dans le métro de Londres, pendant qu'il attendait la rame de la ligne du Jubilé pour aller à Bermondsey, où la mère d'une fille qui lui plaisait bien avait tenu à l'inviter pour le thé. « Qu'est-ce qu'on ne ferait pas pour tirer un coup », avait-il commenté, et le garçon avait cru qu'il parlait de carabine.

Un train va bientôt arriver, puisque le quai se peuple peu à peu. Deux vieilles aux mains gantées, la tête couverte d'un foulard, ont attaché leur sac à main à une courroie passée sous leur gros manteau. Un adolescent lit un livre de poche avec une vue de montagne sur la couverture. Une fille qui écoute de la musique dans ses écouteurs lève les yeux, l'aperçoit là-haut et n'a aucune réaction. Seuls ses doigts bougent sur les touches quand elle choisit une nouvelle chanson.

Maintenant, il voit le train qui arrive de Booterstown et se sent étrangement calme, conscient de ce qu'il a à faire. Il scrute encore le quai, son regard s'arrêtant sur un homme en imperméable qui lit son ticket avec autant d'attention que si c'était le dernier Harry Potter. C'est M. Le-voisin-d'à-côté. Il se ronge les ongles de la main gauche, les mêmes doigts dont il se sert pour jouer avec le garçon. La rame ralentit, le vent forcit. Il lâche la rambarde, se sent vaciller, ouvre les bras comme s'il allait s'envoler. Une femme en bas lâche un cri, la sirène du train retentit et il se penche en avant pour se dégager du pont. C'est comme ça, se dit-il en tombant. C'est comme ça. C'est ça, voler.

L'écrivain irlandais John Boyne *est l'auteur du* Garçon en pyjama rayé, *porté à l'écran. Son dernier roman s'intitule* This House Is Haunted.

James Lee Burke

Traduit de l'anglais par Olivier Deparis

AYANT PERDU SON MEILLEUR AMI le dernier jour de la Grande Guerre, mon père méprisait toutes les guerres, ainsi que ceux qui les créent et vivent par procuration à travers les souffrances qu'elles engendrent. Il m'a appris le danger inhérent à toute forme de mouvement de masse. La tentation est grande d'entrer dans le rang, de rejoindre les autres sous une bannière commune et de se soumettre à des injonctions passionnées mettant toujours en avant l'intérêt général, quitte à trahir sa conscience et sacrifier sa dignité.

Il faut du courage pour dire non à la rhétorique martiale et à l'autorité de l'ignorance. Il faut du courage pour être doux et bienveillant. C'est dur à vivre, l'ostracisme. Mais y a-t-il rien de pire que de faire partie du troupeau, de servir obséquieusement les abstractions perverses que d'autres ont fabriquées pour soi ? Et n'a-t-on pas le cœur gonflé d'un délicieux sentiment de victoire si l'on parvient à ravaler son sang et à laisser le monde abattre son poing sur son visage sans jamais montrer sa douleur ?

Disons les choses plus simplement : quand un homme est capable de traverser la fumée du canon le sourire aux lèvres, en ignorant ceux qui le prennent pour cible, il fait enrager les méchants.

Un homme se fixe une ligne de conduite selon sa vision du monde ici-bas, voire de celui, invisible, qui se cache au-delà, et il reste fidèle à ses principes sans se préoccuper du score. Au dernier tour de batte, sur le tableau d'affichage perché au-dessus des tribunes centrales, les chiffres sont généralement plutôt satisfaisants.

James Lee Burke est né à Houston, au Texas, en 1936. Deux fois lauréat du prix Edgar Allan Poe, il est l'auteur de plus de trente romans, dont la série mettant en scène le policier louisianais Dave Robicheaux.

Gabriel Byrne

Traduit de l'anglais par Bernard Cohen

DANS LA VITRINE, Khrouchtchev et Kennedy tremblotaient en noir et blanc sur l'écran microscopique d'une télévision Pye qui était à vous pour dix shillings et six pence par semaine – à crédit, oui madame.

Carneys était un magasin d'appareils électriques et de vêtements pour hommes. Que des vitres, pas de murs. Les deux leaders du monde trônaient là, inaudibles derrière la vitrine, entourés de vestes en tweed, d'aspirateurs et de transistors. Ned, le postier, qui savait lire sur les lèvres parce que son aîné était sourd, s'est glissé près de moi avec son odeur de cigarettes Woodbine. La pluie s'est mise à tomber, ce n'était pas une surprise, et Ned m'a rapporté un langage que je n'avais encore jamais entendu, celui de la peur. Mort et enfer. Fleuves de feu. Montagnes de lave en fusion s'écoulant dans les rues. Nous vous enterrerons sous les cendres.

La chair se détachait des os de mes aimés, toutes les fleurs sauvages étaient écrasées et saccagées.

Le jour suivant, la pluie a continué à tomber, inlassablement, tandis que mon grand-père et moi poussions à travers les champs, dans leur innocence trempée, les bêtes qui seraient traites sitôt rentrées. Les anges noirs piaillaient à la recherche de vers dans la terre fraîchement retournée et moi – hier encore un garçon mais devenu homme par cette découverte que tout ici allait finir pour toujours – je me tenais sous les branches dégoulinantes pendant que mon grand-père aspirait la fumée de sa cigarette tout au fond de lui avant de la laisser s'échapper. L'espace d'un moment, elle se confondait avec l'haleine du troupeau.

À cet instant, jeune et vieux se parlaient dans un silence ancestral, ne comprenaient rien, ou comprenaient tout, et le monde entier devenait éternel.

L'acteur irlandais Gabriel Byrne *a joué dans plus de quarante films, parmi lesquels* Miller's Crossing *et* Usual Suspects. *Il a obtenu un Golden Globe pour son rôle dans la série américaine* En analyse.

Aifric Campbell

Traduit de l'anglais par Bernard Cohen

IL EST 4 H 08 quand mon frère entre dans la salle des marchés. La bande passante défile doucement en surplomb, tous les marchés sont couverts et je baigne dans la lueur électronique d'une tranquillité paresseuse. Dehors, la ville s'imbibe des réjouissances de Thanksgiving.

« Tu continues à te balader avec ça ? » Al baisse les yeux sur le petit livre bleu, comme s'il avait oublié qu'il l'avait dans la main. « Envoie. »

Je parcours d'un doigt les lettres dorées sur la jaquette.

BARRON'S
Dictionnaire technique de la finance et de l'investissement
Plus de 2 500 termes définis et expliqués
Bourse, bons du Trésor, banques d'affaires et autres

« Tu te rappelles quand il nous l'a donné ?

— Le jour d'"Emmenons nos fils au travail". En sixième.

— À la Réserve fédérale. »

Al bombe le torse à la manière de Papa.

« Regardez bien ça, les garçons. Une seule entrée et une seule sortie.

— La chambre forte pleine d'or.

— Quinze mètres en dessous du niveau de la mer.

— Cinq cent trente mille lingots.

— Et tu es tombé amoureux. »

C'est vrai. Au pied de ce mur étincelant, je m'étais senti au bord de l'évanouissement, extasié. « Car c'est à toi qu'appartient le royaume… » Papa s'élevait comme un piédestal entre nous. « Vous en voudriez une part, les garçons ? » La gorge serrée, je n'avais pu que hocher la tête. Dans mon ventre brûlait une faim inédite : posséder et garder.

« Toi, Al, tu voudrais un bout de ça ?

— Je pense à Midas, avait murmuré Al, la main devant les yeux comme pour les protéger de l'éclat ; comment il transformait en or tout ce qu'il touchait. » Papa avait ri, ébouriffé les cheveux d'Al et lancé un clin d'œil au guide de la visite : « On devrait tous avoir ce don… »

« Puis Midas serra sa fille dans ses bras, et elle se changea en statue. »

Cette nuit-là, j'ai rêvé que j'escaladais une montagne d'or, et à 3 heures du matin, Al est tombé de son lit, réveillant toute la maison en hurlant qu'il était Toutankhamon, enterré vivant dans une tombe fédérale. « Foutus Égyptiens », a grommelé Papa au-dessus de son jus d'orange, en regardant la coupure sur le front de son fils.

« Tu te souviens que tu avais mémorisé tout le truc, Al ? » Je feuillette l'épais volume, les pages usées qui, étonnamment, semblaient indéchirables. Les mots qu'il aimait tant étaient là. « Abandon de créance, actualisation des dividendes, apport de titres », récitait-il à la lumière de sa torche électrique, et on aurait cru que c'était cela le véritable trésor, ce langage cryptique. Il avait appris les définitions par cœur ; moi, j'avais appris le métier et j'avais foncé.

« Tu as déjà pensé à tous les mots qui ne sont "pas" dans le Barron's ? », dit-il, mais c'est une question façon Al : il n'attend pas de réponse, il réfléchit juste à voix haute, les yeux sur la bande passante. Ce qu'il voit n'est pas ce que je vois, pourtant : le prix de toute chose défilant devant nous, le monde entier désigné et étiqueté avec précision.

Il trouve toujours une valeur aux choses que personne d'autre ne soupçonnerait. Comme le chien perdu qu'il avait essayé d'apprivoiser pendant un camp d'été et qui lui avait mordu la main. Comme toutes les végétariennes squelettiques qu'il ramenait à la maison, des filles aux jambes de biche qui aimaient la poésie mais n'avaient aucun respect pour le réel.

« Tiens. »

Je lui lance le dictionnaire.

« Lisez-le, apprenez-le, et ensuite allez-y et faites-le, putain ! dis-je en imitant Papa. Tu es prêt à démarrer tôt, demain ?

— Je brûle d'impatience. Thanksgiving en famille, réjouissons-nous...

— Tu sais, Al, tu pourrais faire en sorte de la fermer un peu, des fois. Ne pas tomber dans tous les panneaux qu'il te tend.

— Arrête de t'en faire pour moi. (Ses grands yeux bleus me sourient, ironiques.) Je suis très bien comme ça.

— Et les affaires ? Moi et les gars, on a fait une super-journée, ici.

— Tu demandes toujours.

— Et tu dis toujours non. »

Si nous avons été poussés tous les deux sur la même voie, je la suis maintenant à toute vitesse tandis qu'Al ne cesse de ralentir et de perdre du terrain, à la manière d'un wagon détaché. Bientôt, mon petit frère ne sera plus qu'une silhouette dans le rétroviseur du succès. « Onze mois et deux semaines. C'est le temps qu'il a fallu pour décrypter le code génétique. » Et voilà qu'il s'en va par la porte à double battant, grand, très droit, imperturbable.

« Par ici, les garçons ! » Papa nous hèle de la cuisine, où le gros oiseau gît sur le dos au fond d'un plat. Le four frémit, en attente. La chaleur palpite comme un mirage devant la fenêtre découpée par le soleil. La queue du chien frappe en cadence le sol en pierre. Quelque part à l'étage, un faible bruit : Maman aux aguets.

Papa repose bruyamment sa Budweiser sur le plan de travail, retrousse ses manches. « Considérez cette dinde comme un client à vous. » Il serre entre ses paumes les flancs hérissés de chair de poule, refermant lentement et tendrement ses mains dessus comme pour ne pas l'effrayer. « La première chose, c'est d'apprendre à le connaître. » Sa main droite caresse le ventre nu pendant que la gauche glisse délicatement sur les cuisses. « Ensuite, vous devez prendre soin de lui. » Il masse les courbes dodues, puis attrape le paquet de manchons en papier et revêt chaque patte d'un bottillon blanc.

« Comme ça, c'est mieux », observe-t-il. Il écarte doucement les cuisses. « Il faut traiter votre client comme votre nana. » Son poing s'enfonce dans le cul. Il le fait tourner dedans, durement. Il grogne. Il se retire.

Il reprend sa bouteille, la finit d'un trait. Il abat son bras libre sur mes épaules mais ce n'est pas moi qu'il regarde, c'est Al, dont les yeux restent vissés aux carreaux et au vaste ciel bleu.

« Nous sommes les hommes creux, dit lentement mon frère en posant ses deux mains sur l'oiseau malmené. Les hommes empaillés. »

Papa crache sa bière dans un gros rire. Le jet tombe sur les mains d'Al, mais celui-ci ne les regarde pas.

« Encore un de tes poètes anglais pédés ?

— Américain, en fait. » Al se tourne pour lui faire face. Dans les rayons de soleil, ses cheveux dorés scintillent. « Le banquier poète. » Il s'approche de notre père, pose sa main sur sa poitrine, palpe comme s'il cherchait les battements du cœur. « Et ça, c'est la terre stérile. »

Papa ouvre la bouche d'un coup. Je retiens ma respiration, mais il ne dit rien.

Irlandaise, Aifric Campbell *est l'auteur de* The Semantics of Murder *et* On the Floor. *Elle a auparavant travaillé pour la banque d'investissement Morgan Stanley, où elle a été la première femme à diriger la salle des marchés de Londres.*

Ron Carlson

Traduit de l'anglais par Sophie Aslanides

TU TE DÉPLACES À GAUCHE pour attraper une balle puissante et basse, tu la rates, elle te passe entre les jambes et part complètement dans le champ, ce qui permet au coureur de la troisième base de marquer le point gagnant. Ne t'abîme pas dans la contemplation de ton gant comme si la balle qui aurait sauvé la situation s'y trouvait – elle n'y est pas. Redresse-toi, retire ton gant et porte-le de ton autre main en le tenant par le pouce. Avance vers le banc de touche, le menton tendu vers le ciel. Sans ciller, sans grimacer, cherche le coach, et dès que tu le repères, regarde-le droit dans les yeux et adresse-lui un hochement de tête. Tu sais ce qui s'est passé.

———

Ron Carlson dirige le cours consacré à la fiction du Master of Fine Arts à l'université de Californie à Irvine, et il est l'auteur de dix livres. Son dernier roman est intitulé Return to Oakpine.

Bill Cheng

Traduit de l'anglais par Bernard Cohen

I

À L'AUBE, son odeur était déjà là : glace et poussière. Je suis monté plus haut dans la frondaison et il était bien là, vaste et bleu et menaçant, une mâchoire gigantesque planant sur la vallée. Je l'ai regardé gronder, s'enfoncer dans les prairies. L'hiver sans fin. La fin du monde.

Cette nuit-là, j'avais pensé à mon père, cette misérable brute, ce fils de pute frappant des poings son torse bombé et montrant ses crocs : « Tout ce qu'j'ai vu dans ma vie, petit... De quoi te faire blanchir la crinière. » Et là, il faisait rouler ses yeux huileux, touchait le creux de ses reins : « Tu auras ta part toi aussi, pas vrai ? Ton épreuve. Ta chance. »

Alors, je me suis tendu dans l'obscurité, l'âme en furie, pendant que les femelles retiraient les poux de ma vêture.

II

Et dans la plaine, l'herbe a viré argent, les arbres se sont mués en cristal. Nous regardions du haut de notre forêt, pressés les uns contre les autres, tendus. Le vent qui fouettait le monde. La neige partout et dans tout, au point que nous avons pensé que la terre allait étouffer.

III

Nous avons attaché les petits sur nos dos et j'ai conduit notre peuple vers le sol. J'écoutais le crissement des feuilles, notre pesée silencieuse sur l'écorce tandis que nous dévalions de branche en branche et que le sous-bois montait vers nous. Tout ce que nous avions, tout ce que nous étions se trouvait dans les arbres. Les quitter, c'était comme s'enfoncer dans sa propre gorge.

La nuit venue, nous nous sommes installés dans les fourrés, nous avons mangé des fourmis et des mille-pattes et nous avons haï le monde. Des jours durant, j'ai eu la colique et je n'ai pu fermer l'œil. Impossible, avec cette brûlure dans les tripes et les tigres dans les taillis.

IV

Nous mourions comme des mouches. Fauchés par la faim, massacrés, chassés pour notre chair. Un jour, nous avons trouvé quelque chose dans les mauvaises herbes. Une masse molle et visqueuse sur laquelle s'engraissaient les asticots. Nous nous sommes rassemblés autour en reniflant et frissonnant. C'était presque tout le temps, maintenant, mais celui-là ne remontait qu'à quelques semaines. La plaque de fourrure noire. Les petits doigts rouges comme des baies.

C'était l'un des nôtres, mort il y a peu.

Un débat a commencé, s'est échauffé. Revenir en arrière, retourner aux arbres. Ou non. Des têtes brûlées ont parlé de faire sécession, de former une tribu rivale, et bientôt c'est devenu vilain, babines retroussées, griffes sorties, sang fraternel... Ils ont tambouriné sur leur poitrine, exhibé leurs crocs et se sont envoyés mordre la poussière.

On n'avait pas le temps, pas pour ça. Alors j'ai pris mon souffle, planté mes pieds au sol, bien à plat, libéré mes phalanges du poids de la gravité, et quand je me suis tenu là, redressé, un mètre quatre-vingts ancré à la terre, mon ombre telle une main puissante prête à s'abattre, ils se sont calmés, se sont tournés vers moi et ils ont vu ce que j'étais, ce qu'ils pouvaient être, et ils ont compris que nous ne remonterions pas dans les arbres.

V

Depuis ce jour, rien n'a pu nous arrêter. Nous avons ravagé la contrée, faisant pleuvoir les feux de l'enfer et de la damnation sur la vallée. Je m'emparais de ce que je voulais, et les tribus adverses étaient décimées. Nous étions comme des dieux mettant à sac les territoires de l'Ouest, ravissant leurs femelles et massacrant tous les fils de pute aux phalanges traînant au sol qui se trouvaient sur notre passage.

VI

Le premier que j'ai tué de mes propres mains était un chef rival. Un grand salaud au magnifique manteau hérissé. Il faisait deux fois ma taille mais je l'ai étendu et je lui ai défoncé le crâne avec une pierre. Je me rappelle qu'après, je suis descendu à la rivière et que je n'arrêtais pas de trembler. J'avais mal aux bras, ma tête tournait. Je me suis enfoncé loin dans les flots, sentant encore ses dents sur mon cou, la douleur de la blessure réveillée au contact de l'eau. Et lorsque j'ai regagné la rive, la pierre du meurtre toujours dans ma main ensanglantée, j'ai senti tomber les derniers pans de ma fourrure.

VII

C'était il y a longtemps déjà, avant la neige, la glace, les vents hurlants, avant les cavernes, avant l'hiver sans fin, mais je me souviens encore d'être là-haut, au-dessus des prairies, toute la foutue vallée s'étendant devant moi, et je voyais les bêtes de la création, l'endroit où le ciel rejoignait la terre, le soleil à l'aplomb de toute chose.

Des fois, je rêve des jours anciens. L'air plus doux dans la frondaison. Les branches ployant souplement sous mon poids. Le vent capable de fendre les arbres. Et maintenant la neige s'accumule, morne et cotonneuse, et je me sens diablement vieux.

J'observe notre tribu, le sang neuf, encore affamé, effrayé et pensant au meurtre.

Parfois, quand ils sont tous partis à la chasse, je plonge mes mains dans les cendres avant de les plaquer contre la paroi, puis je fais un pas en arrière et alors, pas toujours, je pense voir quelque chose. Quelque chose qui se détache, parmi les bisons et les chevaux sauvages : un message, une sorte d'indice sur ce que nous devrions être. Ou bien je regarde dehors et, certains jours, j'ai l'impression que la neige ne cessera jamais. Et d'autres fois, je me dis : Crénom, il faudra bien, non ?

BILL CHENG est né dans le Queens et vit à Brooklyn. Son premier roman, Southern Cross the Dog, *est paru en 2013.*

Scott Cheshire

Traduit de l'anglais par Bernard Cohen

J'ÉTAIS EN PAGNE, mes parties toutes pâles exposées, le visage pris dans un donut en plastique, avec vue exclusive sur la moquette. J'avais toujours peur des aiguilles, alors la concentration ça aidait, mais l'acupuncture, c'est surtout attendre et donc, j'attendais la toute première piqûre. Quand ? Où ? Le front ? La carotide ? À quelle profondeur ? Et est-ce que j'allais saigner ? J'avais vu les brochures en couleurs étalées sur la table de la salle d'attente et elles m'avaient fait l'effet d'un spectacle de foire. Et maintenant, mesdames et messieurs, la Pelote à épingles humaine !

Paula, le trophée de ma jeunesse, l'épouse modèle, avait pris le rendez-vous pour moi. Elle savait que je n'aimais pas les médecins, ni les hôpitaux, ni les dentistes, ni rien de tout ça. Je n'apprécie pas que des clichés de mes entrailles soient accrochés au mur comme des pages de calendrier. Et elle était au courant, pour les aiguilles. Un peu.

Ce n'est pas quelque chose qui se dissimule facilement. Lors de la prise de sang de notre examen prénuptial, je m'étais évanoui.

Mais elle a dit : Ce n'est pas ce genre de médecin.

Le problème n'était pas la douleur. Ça, je connais. En fait, les rouquins ont besoin de plus d'anesthésiant que les autres. Ils sont trop sensibles. Le dentiste a beau insensibiliser mes gencives, je réagis à chaque fois.

Elle a dit : Ça pourrait avoir un bon effet sur ton caractère.

Mon caractère ? C'est toi qui as un problème de caractère, ai-je répondu, alors arrête avec tes accusations.

Elle a dit : Et peut-être que ça aidera aussi, pour ton problème, ton problème d'en bas.

« Problème d'en bas » ? Si on voulait parler d'« en bas », ce qui se passait maintenant nous en mettait à des années-lumière. Les murs soufflaient de l'électro new age. Une lampe chauffante me grillait le dos. Je me sentais… exposé. Et là, ce type – je refusais de lui accorder le titre de médecin – a relevé mon pagne, l'a roulé comme un string sur mon postérieur et l'a coincé entre mes cuisses. Sans la moindre gêne ni hésitation. Et puis il s'est mis carrément *sur* moi, broyant mon épine dorsale, sans même parler de mon épaule gauche, un point sensible depuis la fac, le rugby et une méga-fiesta après une victoire inespérée. Et je me suis demandé : Comment il a su ? Sa paume et ses doigts chauds s'enfonçaient dans mon épaule, malaxaient, pétrissaient plus fort, plus profond. Et ça, qu'est-ce que c'était ? La première aiguille, finalement ? Oui.

J'ai senti comme une guêpe sur mon doigt.

Pas si terrible... Mais alors, il a enfoncé l'aiguille plus loin dans le muscle de l'épaule. Une faible décharge électrique. La chair palpitante, des fils chatouillant mon dos. J'ai imaginé des câbles de démarrage modèle réduit... Le muscle battant au rythme de mon cœur. J'ai basculé dans une sorte de rêve à demi éveillé, envoûtant...

Mon adorable femme. Qu'est-ce qui nous était arrivé ? On essayait depuis deux ans, et je n'avais pas vraiment assuré. S'agissait-il d'une déficience physique ? Mentale ? Une chose est sûre : les pères, c'est une affaire compliquée. Et aussi sans doute, j'avais passé trop de soirées au bar du coin, seul, à siroter des high-life. Le genre d'endroit que mon père aimait, où il allait grommeler avec d'autres divorcés. Nous ne nous étions pas parlé depuis des années mais je continuais à prendre sa défense. La veille de la séance des aiguilles, Paula avait dit : Tu n'es pas comme lui, tu ne le seras jamais. Cet homme n'a rien dans le pantalon.

Elle aurait pu ajouter : Et ça s'applique aussi à toi, monsieur le Mesquin. Allez, remue-toi et fondons une famille.

Mais elle ne l'avait pas fait. Parce qu'elle a la bonté de m'aimer.

Et qu'est-ce que j'ai dit ? Tu veux parler des pères ?

Allons-y, jusqu'à la moelle… J'ai dit des choses que j'avais juré ne jamais prononcer tout haut.

Pardonne-moi !

Le muscle battait et battait, à l'unisson de mon cœur…

Ne bougez pas, a-t-il commandé, retirant les aiguilles de mon talon d'Achille, les câbles de mon épaule. Il m'a tapoté le dos, s'est redressé. Je me suis assis au milieu de tout ce beige, des bulles dans la tête, vaguement conscient de ce qui venait de se passer. J'avais perdu la notion du temps. Mais mon épaule semblait aller mieux. J'étais apaisé, quelque chose se réveillait dans mes reins…

J'ai dit : Je me sens bien. Comment vous avez fait ?

Il a pris ma main. Sa chemise et son pantalon blancs, impeccables, un vrai Mister Clean.

Il a dit : C'est un peu comme la pêche à la mouche.

La pêche à la mouche ? Qu'est-ce qu'il connaissait à la pêche à la mouche ? Lui qui malmenait des hommes adultes, dans sa tenue de vendeur de glaces.

Là, a-t-il continué, en posant une aiguille au bout de mon pouce. Juste au-dessus du nerf.

Mais encore une fois, qu'est-ce qu'il pouvait savoir de la pêche à la mouche ?

Lancer vers le nerf, mais non l'attraper. Ça fait beaucoup trop mal. Pêcher le Qi, juste au-dessus de lui. L'énergie. La vie.

Qi ? Énergie ? Je ne parlais pas sa langue. J'étais cotonneux, vaguement conscient, et abasourdi.

Il a touché mon épaule. Comment vous vous sentez ?

Comment il avait su ? J'ai hoché la tête.

Il s'est détourné pour s'en aller.

J'ai dit : Attendez.

Est-ce qu'une poignée de main suffirait ? Ce type m'avait vraiment atteint.

J'ai dit : Il faut que j'appelle ma femme.

OK.

Un autre élancement dans les reins. J'ai voulu couvrir mon bas-ventre. Quand est-ce que j'avais réellement désiré mon épouse pour la dernière fois ? J'étais emballé par l'idée, et affamé, en manque. Et halluciné. Où était mon téléphone ? Combien je lui devais ? Et soudain, cette impulsion, inexplicable, électrisante. Le soudain besoin de serrer cet homme dans mes bras. Je me suis ressaisi. J'ai dit : Docteur.

J'ai tendu la main.

Le premier roman de SCOTT CHESHIRE, High as the Horses' Bridles, *est à paraître chez Henry Holt.*

Ed Conlon

Traduit de l'anglais par Bernard Cohen

QUAND KIKO A ÉTÉ TUÉ, les chiffres au moins avaient eu quelque chose de satisfaisant. Il avait reçu six balles, il était accompagné de cinq autres personnes, à 4 heures du matin ; trois hommes dans une voiture – deux tueurs et un chauffeur – avaient touché deux victimes, dont une mortellement. Le survivant était le neveu de Kiko, Gordo, et il avait aussi peu à raconter que le mort. Encore moins, si l'on tenait compte du tatouage qu'il portait entre les omoplates : « *Kill all rats* », À mort les rats, c'est-à-dire les mouchards. Kiko était un dealer, il avait passé plus de dix ans derrière les barreaux. Il n'était pas un « rat », lui : même les impacts de balles qui criblaient son torse ressemblaient à de petites bouches obstinément closes, provocantes. Et le chiffre final était zéro, comme dans zéro arrestation, ce qui, pour le coup, n'était pas du tout satisfaisant. C'était il y a des années, dans le Bronx. Et j'étais chargé de l'affaire.

Les pistes n'étaient pas infinies mais elles paraissaient nombreuses, au début. Les amis de Kiko étaient tous des criminels. Venus de différents secteurs de la ville, ils avaient chacun leur histoire de rancœur et de vengeance. La nuit du meurtre, ils avaient écumé cinq ou six bars, se bousculant avec des centaines d'autres fêtards. Malgré leur passé, c'était des types assez corrects, leur désir d'aider l'enquête paraissait sincère. Comment leur reprocher d'être incapables de donner un signalement des tireurs alors qu'ils avaient été pris sous leur feu dans une rue sombre, après huit heures de Heineken et Hennessy ? Gordo, le neveu, ne se souvenait pas de grand-chose, mais il s'est révélé inutile car, par principe, il avait nié reconnaître d'éventuels suspects avant même que je lui montre la moindre photo. N'empêche, j'allais bientôt découvrir qui avait fait le coup.

Plusieurs années auparavant, Kiko était tombé sur un certain Javonne dans l'un de ces mêmes bars et il lui avait tranché la gorge avec un cutter. Javonne était un dealer, lui aussi, mais ils s'étaient embrouillés à propos d'une fille, probablement, ou alors d'un regard de travers, ou d'un verre renversé. Ou peut-être même pour rien. Javonne avait failli y passer avant d'arriver à l'hôpital et pourtant, il avait refusé de parler, même après que ses cordes vocales avaient été recousues. Savoir ce qui s'était passé entre eux rendait le manque de preuves encore plus rageant. Et alors que je pensais avoir aussi identifié le second tueur, celui-ci s'est fait tirer dessus à son tour, le lendemain de la mort de Kiko, et c'est Javonne qui l'a conduit à l'hosto. Au final, il n'y avait aucun lien entre les deux affaires. Et pour ce qui était de trouver quelqu'un de prêt à se mouiller et à parler, autant dire que c'était le no man's land. Pareil qu'au fin fond du désert, ou perdu sur la banquise de l'Arctique.

Après des semaines à fouiner, et alors que toutes les autres pistes n'avaient abouti nulle part, je suis tombé sur Raquel en étudiant un relevé d'appels de portable. Javonne et elle avaient eu des dizaines de conversations, surtout tard la nuit. Je suis allé la voir chez elle en banlieue un dimanche matin. C'est son mari qui a ouvert la porte. Nous nous sommes assis tous les trois à la table de la cuisine et j'ai annoncé qu'on m'avait appris qu'elle connaissait un dénommé Javonne, suspect d'un crime dans le Bronx. Son mari la fusillait du regard et Raquel avait l'air d'une fourmi sous une loupe. Elle a tout nié. Je savais qu'elle mentait, mais je n'ai pas poussé plus loin. Je ne faisais pas partie de la brigade des adultères.

Les inspecteurs agissent parfois de manière diabolique, par des insinuations chuchotées qui finissent par vous user comme l'eau sur la pierre. Lorsque j'ai finalement convoqué Javonne, et après une nuit à lui reparler de ce que Kiko lui avait fait, il a eu peur. J'ai mentionné tous ses amis que je connaissais, leurs faits et gestes, ce par quoi ils étaient passés. J'ai évoqué ses enfants, citant leur nom et leur âge. Une ou deux fois, il a paru sur le point de craquer, mais il a tenu bon.

Ce que je ne pouvais pas lui dire, c'était que j'avais été en contact avec le FBI et qu'il risquait une peine pour trafic de stupéfiants qui l'enverrait à l'ombre plus longtemps qu'une condamnation pour homicide dans le Bronx. Ce n'était pas à moi de transmettre ce message. Mais le lendemain matin, au moment de le laisser repartir, j'ai mentionné ma visite à Raquel.

Il a souri, d'abord, et puis ses lèvres se sont tordues comme si un hameçon était venu se prendre dedans. Il s'est frotté les yeux, s'est passé une main sur le front. Et il a dit : « Eh bien, c'est dommage… ce qui s'est passé. »

Et là, j'étais de retour dans le no man's land, perdu dans l'immensité glaciale, incapable de dire ce que j'avais à dire et à demander au sujet de Raquel. J'avais bien fait, je le savais. C'est en tout cas ce que je me répétais. Pourtant j'ai entendu des chuchotements dans ma tête bien longtemps après. Parfois, un homme doit apprendre à la fermer.

Ancien inspecteur de la police de New York, ED CONLON *est l'auteur de* Blue Blood *et de* Rouge sur rouge.

Sloane Crosley

Traduit de l'anglais par Bernard Cohen

EN GRANDISSANT, on entend tout un tas de trucs sur ce que c'est qu'être un homme. Certains sont plutôt faciles à intégrer, comme avancer sa chaise à une femme, avoir un style de vie qui en jette ou serrer les dents quand un gamin vous balance un coup de batte de base-ball dans les roustes. Et puis, un jour, vous vous rendez compte que tout ce qu'on vous a raconté ne vous concerne pas, en réalité, il s'agit seulement de ce que les autres pensent de vous. Le problème, c'est que vous restez terriblement seul, et même si vous êtes marié. Sous la douche, dans votre lit, et dans votre tête. Seul. Et de fait, à l'instant où j'écris ces mots, je suis assis sur les toilettes. Un journal par terre, mon ordinateur portable sur un genou et un gros bol rempli de Cap'n Crunch sur l'autre. La condition masculine, c'est une affaire d'équilibre, les gars. D'équilibre.

SLOANE CROSLEY est l'auteur des recueils d'essais I Was Told There'd Be Cake *et* How Did You Get This Number. *Elle travaille actuellement à son premier roman.*

Michael Cunningham

Traduit de l'anglais par Anne Damour

IL Y A QUELQUES ANNÉES, j'ai fait la connaissance d'un homme du nom de Buck Angel, qui était né femme. Aujourd'hui, naturellement, il n'est pas inhabituel de rencontrer des hommes qui sont nés femmes.

Au contraire de la plupart des transgenres, Buck avait choisi de devenir un homme tout en conservant sa partie féminine centrale.

Nous avons l'habitude de filles avec une bite. Un garçon avec une chatte est plutôt une rareté.

Buck, qui vit à San Francisco, était la vedette de la Black Party, une fête qui a lieu tous les ans à New York dans le gigantesque et crépusculaire Roseland Ballroom, attirant une foule innombrable, composée presque uniquement d'homosexuels, et qui dure jusqu'au petit matin.

On l'appelle « black » parce que la plupart des hommes s'y rendent harnachés de cuir noir, avec jambières, bandeaux de poignet constellés de clous chromés et autres accessoires sadomaso. Certains sont de vrais affolés du cuir (tout comme leurs amants). D'autres gardent leurs tenues rangées dans un coin, et il ne les sortent qu'une fois par an. À la Black Party, un type peut donner l'impression d'être un adepte de la machine à plaisir alors qu'il passe la plupart des 364 autres soirées de l'année à regarder la télévision avec son partenaire, quand les enfants sont couchés. Cependant, durant la nuit de la Black Party, maris et pères s'arrangent pour avoir l'air aussi machos et menaçants que tous les autres.

J'avais vaguement entendu parler de Buck Angel. J'étais intrigué. Je fus donc enchanté d'apprendre qu'un de mes amis le connaissait plus ou moins, et pouvait me présenter à lui dans les coulisses avant que Buck se produise et danse nu devant les foules.

Je ne sais pas exactement ce que je m'attendais à trouver chez Buck, mais j'imaginais une sorte d'hétéromorphisme, une apparence sans nature précise. Je me figurais une personne en combinaison couleur chair, moulante comme une seconde peau qui, dans le cas de Buck, aurait été son vrai corps.

Lorsque nous nous fûmes faufilés en douce derrière la scène, mon ami et moi, je ne fis pas particulièrement attention à un gars musclé et tatoué, vêtu en tout et pour tout d'un slip de cuir, qui passait à proximité. Je présumai qu'il s'agissait seulement d'un des officiants de la Black Party. Outre leur harnachement, les hommes qui y participent se caractérisent par leurs muscles et leurs tatouages, leurs cheveux ultra-courts et une barbe de trois jours. C'était un de ceux-là.

Mon ami l'appela : « Hé, Buck, y a ici quelqu'un qui voudrait te connaître. »

Buck se retourna, sourit, tendit une grande main masculine, plus forte que la mienne (bien que j'essaye de ne pas trop me focaliser sur les questions de taille). Il dit : « Hey », d'une voix de mec, cordiale. Je répondis par un même « Hey ».

Nous n'avions pas grand-chose à nous dire, et Buck était attendu sur scène deux minutes plus tard. Je me crois volontiers capable de converser avec à peu près tout le monde, mais devant Buck, je ne trouvai pas mieux qu'un : « Est-ce que tu te plais à New York ? »

Buck m'assura que oui. Je prononçai peut-être encore trois mots sur le temps à San Francisco.

J'étais pétrifié. Buck, incarnation de la camaraderie masculine, me dit qu'il avait été ravi de me connaître, qu'il espérait que je m'amuserais à la Black Party et puis, hey, désolé mon vieux, il faut que j'aille gagner ma croûte.

Le regardant partir, j'eus une vue claire de son dos musclé, de ses hanches étroites et de son cul masculin parfait.

Buck n'était pas seulement un homme absolument convaincant. C'était un homo absolument convaincant, d'un certain type. Des biceps de la taille d'un pamplemousse, ceints de tatouages tribaux en épi. Des cheveux coupés à la militaire, assez courts pour qu'on voie la peau rose brillante de son crâne.

Pourtant, Buck avait autrefois été une fille. Une jolie petite fille. (Je consultai naturellement Google par la suite.) Je n'imaginais pas qu'il fût possible de transformer non seulement son corps, mais sa personnalité. Buck est un homme. Si vous le rencontrez sans connaître son histoire, cela ne fera aucun doute. C'est un homo, beau mec, en superforme, amical et macho.

Ce soir-là, je me mêlai à l'assistance pour voir Buck en action. Il apparut sous un tonnerre d'acclamations et de cris poussés par la foule. Il eut un large sourire – ce n'était pas un de ces go go dancers désinvoltes, genre regardez-comme-je-suis-beau, qui cherchent à dominer la scène. Il se mit à bouger en rythme, et arracha sans effort son Speedo d'un seul geste. (Le velcro a révolutionné le strip-tease.)

Oui, entre ses jambes, il y avait, oui, un vagin. Sans aucun doute.

Nous aimons tous, en tant qu'espèce, nous réinventer. Walt Whitman, maître d'école et à l'occasion journaliste de Long Island, commence à écrire de la poésie à plus de trente ans, se laisse pousser la barbe, noue un bandana autour de son cou et parcourt les rues de Manhattan, déclamant : « Je chante le corps électrique. » Il devient une icône.

Margarita Carmen Cansino, une Latino-Américaine de Brooklyn, se teint les cheveux en roux et devient Rita Hayworth. Efflanqué, banal, le petit Farrokh Bulsara, sans don particulier pour le chant, quitte Zanzibar pour suivre une école d'art à Londres, entre pour s'amuser dans un orchestre minable et devient Freddie Mercury. Robert Zimmerman part des faubourgs du Minnesota et débarque à New York, où il devient Bob Dylan, mélange de Woody Guthrie, James Dean et des idées du jeune Robert sur ce que doit être un troubadour avec les pieds sur terre.

Ce ne sont pas de simples rôles d'emprunt. Ce sont des transformations. Ces gens sont *devenus* les personnages qu'ils ont inventés. Margarita Carmen Cansino ou Robert Zimmerman n'existent plus. Il n'y a plus de Farrokh Bulsara. Sur les photos anciennes, ils ressemblent à leurs propres ancêtres.

Cette nuit-là à la Black Party, applaudissant Buck au milieu d'une foule d'hommes nés hommes, et qui ressemblaient plus ou moins à Buck, je me rendis compte que ces mâles biologiques – barbus, musculeux et tatoués – appartenaient à une catégorie de ce que j'appellerais les travestis de chair. Beaucoup d'entre eux avaient été de gentils petits garçons. Beaucoup d'entre eux avaient été trop gentils, à leurs dépens, tyrannisés par les petites brutes qui prolifèrent partout dans le monde.

En grandissant, ils sont devenus autres. Ils ont transformé non seulement leur corps, mais leur nature. Ils étaient plus masculins que la plupart des hétéros.

On est forcé de se demander s'ils n'ont pas pris pour modèles ces mêmes types qui, des années auparavant, jouaient à la gribouillette avec leur lunch box, planquaient leurs cahiers ou leur plongeaient la tête dans la cuvette des toilettes. Qui pourrait les blâmer d'avoir voulu devenir quelqu'un que plus personne ne tyranniserait ?

Au cours de leurs transfigurations, pourtant, ils ont développé un talent d'imitateurs égal à celui de Judy Garland ou Bette Davis. Version Butch. Mais quand même.

Que penser, alors, du père de famille banlieusard qui fait la queue à la caisse du supermarché en polo et chaussures de bateau ? Est-ce vraiment ce qu'il veut porter ? Peut-être ne se préoccupe-t-il pas de ses vêtements. Mais n'est-il pas là en train de jouer un rôle ? *Si j'ai l'air d'un père de famille normal, je serai un père de famille normal.*

RuPaul a dit un jour : « Nous naissons nus, et tout ce qui vient ensuite est déguisement. » Je pourrais ajouter : tout costume immédiatement identifiable est travestissement, par définition. Le marché n'est pas très prometteur pour les go go dancers qui se débarrassent en tournoyant de leur polo et de leurs chaussures de bateau. Mais si un go go dancer arrivait sur scène dans ce costume, vous sauriez immédiatement qui il prétend être.

Qu'importe.

Là, cette nuit, dansant avec un enthousiasme délirant, on assistait au summum de l'invention de soi-même : la petite fille devenue un homme. Vous pourriez dire, bon, pas tout à fait, pas entièrement. Et tout aussi facilement, oui, entièrement. Vous pourriez dire que Buck a prouvé que la masculinité ne dépendait pas de la possession d'une bite et d'une paire de couilles. Vous pourriez dire que Buck témoigne à l'évidence que la masculinité, la vraie masculinité, n'est pas en réalité une question d'organes génitaux. C'est un costume qui épouse votre peau et, en fin de compte, pénètre votre être même.

Nous autres hommes, à la vérité, que sommes-nous, en fin de compte ?

MICHAEL CUNNINGHAM est l'auteur des Heures, *lauréat du PEN/Faulkner Award et du prix Pulitzer, et plus récemment de* Crépuscule.

Roddy Doyle

Traduit de l'anglais par Isabelle D. Philippe

IL N'ÉTAIT PAS TRÈS COMPLIQUÉ de devenir un homme en Irlande. C'est un truc qu'on apprenait facilement. On grandissait en entendant « Comment ça va ? » toute la sainte journée. Ça ressemblait à une question sans en être une. Ce n'était pas une question, c'était la règle. Seuls les dingues et les solitaires cherchaient à en faire une question, à vous piéger, vous empêcher d'y couper.

Les réponses aussi étaient faciles à apprendre.

Super.

Génial.

Pas mal.

OK... ouais.

Trop bien.

Et puis il y avait la nouvelle, arrivée avec la récession.

Je suis top.

Celle-là, on n'y coupait pas. Un homme pouvait toujours en saluer un autre.

Comment ça va.

Je suis top, putain.

Et rester un homme. Aucune question n'avait été posée, aucune réponse n'était non plus nécessaire ni attendue. Ne rien dire. C'était ça, être un homme.

C'était juste idiot, bien sûr. Pat le savait. Mais un gars plus haut dans la rue venait de lui dire qu'il était top, alors qu'il était sorti dans le jardin pour jeter un sac dans la poubelle verte à roulettes et qu'il ne pouvait éviter ce bouffon en route pour son footing. Pat avait eu envie de se pencher pardessus le mur et de le frapper.

Top… sans déconner. Le joggeur avait une fille ado avec des coupures plein les bras, une femme plus ou moins accro à Internet et une carrière qui avait été décapitée quelques mois plus tôt. Ce pauvre naze n'était même pas bâti pour jogger. Il aurait avancé plus vite en roulant sur lui-même. N'empêche que, d'après lui, il était top. Pat ne le voyait plus, mais l'entendait souffler. Naze. N'empêche, un homme.

Pat rentra. La maison était vide. Il n'y avait que lui. Ça ne le gênait pas, il prenait l'habitude. Le gamin était dehors quelque part, c'était bien.

Les femmes ne valaient guère mieux. Même si elles parlaient sans doute davantage. Dans le monde des femmes, « Comment ça va ? » était une question. Elles prenaient le temps de répondre.

Mais le bruit qu'elles faisaient n'était pas plus honnête que le silence.

Encore des conneries – Pat le savait. Ces généralisations sur les femmes et les hommes n'avaient aucune profondeur ni vérité. C'était juste… il ne savait pas ce que c'était. Il n'y avait jamais réfléchi auparavant, en réalité. Les hommes peu bavards, les femmes trop bavardes. C'était son monde à lui, ça l'avait toujours été. Il détestait les hommes qui parlaient trop et il était tombé amoureux de la voix de sa femme avant même de l'avoir vue. Et si c'était sexiste ou quelque chose dans ce genre, il s'en moquait, il n'en avait rien à battre. Il avait toujours fourni sa quote-part de vaisselles, de lessives et de soins aux enfants. Il ne lui avait jamais caché d'argent, ni n'avait jamais fait le con. Alors il pouvait dire ce qu'il voulait, putain. Il avait mérité sa liberté d'opinion, il avait aimé sa femme.

Il détestait être en colère.

Il alla remplir la bouilloire et s'aperçut qu'elle était déjà pleine et chaude. Il ne se souvenait pas de l'avoir remplie ni allumée. Quelle importance.

Il ne pensait pas que sa colère était juste. C'était comme s'il était possédé. Ce n'était pas ce qu'il ressentait, ce qu'il voulait ressentir. Triste, dévasté. Stoïque – c'était le mot ?

Mais il se sentait en colère. Furieux.

Il ne pouvait le dire à personne.

Il avait essayé de surmonter ça. Il avait essayé d'en parler au gamin, de l'amener à lui répondre.

De lui faire comprendre que ça allait. Il pouvait dire tout ce qu'il voulait. Crier, pleurer. Tout ce qui lui semblait bon.

« Comment ça va ? avait-il demandé - oui, il l'avait demandé.

— Super », avait répondu le gamin.

Pat s'en était tenu là, mais il était revenu à la charge un autre jour.

« Ça roule ?

— Ouais, super, avait répondu le gamin. OK... ouais.

— Bon. »

Ils n'étaient pas doués pour ça. Ils étaient des hommes.

Encore des conneries.

Quelques semaines avant la fin, il l'avait eue au téléphone. Elle était assise devant la fenêtre et avait l'air de fondre au soleil. Cette putain de perruque parfaite sur sa tête, immunisée contre un soleil de plomb et la maladie. Et il avait écouté. L'effort de former ses mots avait dû la détruire. Il avait écouté le combat dans sa voix, la peine, le défi, la mauvaise foi.

« Super, oui. Oui. Non, c'est génial. Nous avons beaucoup d'espoir. Oui. Je serai de nouveau sur pied sous peu. »

Il avait eu envie de la tuer. Vraiment.

À ce moment-là, il entendit la porte. Le gamin rentrait de bonne heure. Il entra dans la cuisine, vit Pat.

« Oh !

— Je fais du thé, dit Pat.

— Super.

— C'est des chips que tu as là ?

— Oui.

— L'odeur est mortelle.

— Tu en veux ?

— Allez. »

Ils étaient plantés devant la table. Pat sentit son front s'humecter à la chaleur qui montait du sachet de chips.

« Elles sont bonnes, tes chips.

— Ouais. »

Mais dis quelque chose, se répéta-t-il. Fais-le parler. Dis quelque chose… vas-y. Parle !

Mais c'est le gamin qui parla.

« Maman me manque. »

Pat inclina la tête.

« À moi aussi, dit-il. À moi aussi. »

Romancier, dramaturge et scénariste irlandais, RODDY DOYLE est l'auteur de The Commitments, The Snapper, The Van, La femme qui se cognait dans les portes *et* Paula Spencer.

Geoff Dyer

Traduit de l'anglais par Isabelle D. Philippe

C'EST TRÈS FACILE D'ÊTRE UN HOMME, AU FOND. Si vous rentrez chez vous le soir avec votre femme et qu'elle ait froid, prêtez-lui votre veste (même si vous lui avez conseillé de prendre un gilet et que vous soyez moins enrobé et plus frileux qu'elle). Arrêtez de baisser en douce le chauffage à la maison (car, bizarrement, elle est plus frileuse que vous). Portez toujours les sacs lourds quand vous voyagez ou faites des courses (même si vous avez le dos fragile et que vous ne devriez rien porter du tout). N'élevez pas la voix et ne hurlez pas (même si, à son âge, elle devrait être capable de lire un plan et de distinguer sa gauche de sa droite). Ne piaffez pas dans l'entrée en agitant les clés dans vos poches et en lui répétant « Nous sommes *déjà* en retard », et qu'il faut absolument qu'elle sorte de la salle de bains (même si elle a promis d'être « prête dans deux minutes » il y a cinq minutes). Ne vous plaignez pas de toujours trouver de longs cheveux noirs dans le lavabo (vous ne voulez pas qu'elle ait l'air d'une collabo à la tête rasée, si ?).

Romancier, critique et essayiste britannique, GEOFF DYER *est l'auteur de* Voir Venise, mourir à Varanasi. *Son livre le plus récent s'intitule* Zona.

Ben Fountain

Traduit de l'anglais par Michel Lederer

D. WINTERMUTE, ingénieur expert en corrosion, longe une poutrelle qui traverse l'intérieur caverneux de la statue de la Liberté. Plongé dans une épaisse pénombre de fonds marins, il se demande comment on peut se sentir claustrophobe dans un espace aussi monstrueusement large. Pourtant, la claustrophobie est là, qui pèse sur lui, sans compter qu'il n'aime pas beaucoup les hauteurs non plus. Dehors, la première tempête de l'automne balaie le détroit des Narrows. La pluie et les rafales tourbillonnantes frappent la Dame dont la coque en cuivre résonne comme un glas, *boum, boum,* lui évoquant la Terre du Milieu.

« Danny, la situation, s'il te plaît. » La voix de Vistap, son chef, jaillit dans le casque de Wintermute.

« Situation normale, Vistap.

— Alors, pourquoi tu t'es arrêté ?

— Eh bien, c'est drôlement haut.

— Les redondances, Danny. Tu ne peux pas tomber. »

En effet. Il est muni d'assez de cordes et de harnais pour assurer une soirée sadomaso sur le thème des bûcherons. Le faisceau de sa lampe frontale qui joue sur les plis et les replis de la paroi intérieure lui donne le vertige quand il tourne la tête trop vite. Il avance pas à pas le long de la structure en acier à la recherche de fissures dues à la corrosion, de traces d'oxydation ou tout ce qui pourrait expliquer les éruptions qui depuis peu ont fleuri sur la « peau » de la Dame, à un endroit si délicat que l'Amérique est devenue la risée du monde entier. La statue de la Liberté a perdu son innocence ! Telle était la plaisanterie dans sa forme la moins vulgaire. Étant le plus jeune et le plus agile de l'équipe de Vistap, Wintermute a été chargé de l'inspection visuelle.

Boum, dzonnnggg. Il a l'impression d'être un insecte enfermé dans une grosse caisse. Il se faufile jusqu'aux joints de Ferralium et, plaquant ses doigts écartés sur la peau cuivrée de la statue, il sent la pluie cribler la surface extérieure. Il se repose quelques instants puis, comme une araignée, se glisse le long de l'armature en direction de l'entrejambe de la Dame. Le fer puddlé et les supports en cuivre de l'armature ont été remplacés par de l'inox il y a une vingtaine d'années. Vistap soupçonne qu'au cours des travaux, le recuit du métal a attaqué ses propriétés anticorrosion.

Il existe cependant une autre théorie – et c'est elle qui nourrit les ambitions professionnelles du jeune Wintermute – selon laquelle ce seraient les nouveaux facteurs environnementaux qui auraient affecté les métaux de manière imprévue. Corrosion atmosphérique, dépôts acides plus importants – les possibilités sont infinies. Il se rend alors compte que pendant que son esprit méditait sur la science, le reste de son corps se laissait guider par son odorat.

« Danny, où t'étais passé ? » Vistap a l'air inquiet.

« Je... Il y a une entaille plus bas, une espèce de renfoncement. » Accroupi, il braque sa torche sur un repli de la robe de la Dame. « Bizarre, je ne l'ai jamais vu sur aucune reproduction.

— Je t'entends mal, Danny. Parle plus fort. »

Mais, pour le moment, Wintermute est trop absorbé pour parler. La lampe toujours pointée sur la mystérieuse fente, il se demande où elle mène. La Dame bouge et grince, affronte le vent avec d'incessants gémissements. Une forte odeur de toile de jute, terreuse, tourbeuse, lourdement empreinte de fer, émane de la fente qui luit lorsque le faisceau en éclaire le bord.

« Vistap, je crois que j'ai découvert quelque chose.

— Vas-y, je t'écoute, Danny.

— Cette petite cavité, ce creux, j'ai l'impression

qu'ils ne l'ont pas remarqué dans les années 1980. On dirait que c'est rempli de coaltar. »

De fait, la lumière semble ne pas y pénétrer du tout. La réception est de plus en plus mauvaise, puis la communication est coupée. Bien qu'étourdi, vaguement écœuré par l'odeur, Wintermute est intrigué. En s'accroupissant et en se penchant davantage, il pourrait jeter un coup d'œil à l'intérieur, mais à cette pensée, il est parcouru d'un frisson primal. Il se sent nauséeux. Sur le point de vomir. Il voudrait que quelqu'un fasse le travail à sa place, mais à l'évidence, il n'y a personne d'autre que lui.

Pas question de perdre son sang-froid, alors du cran, s'exhorte-t-il. Pour l'honneur, pour la patrie. Pour faire taire tous ces étrangers qui ricanent. Sois un homme, se dit-il, tandis qu'il se lance, et D. Wintermute, ingénieur expert en corrosion, plonge tête la première dans la fente.

Ben Fountain est l'auteur du recueil de nouvelles Brèves rencontres avec Che Guevara *et du roman* Fin de mi-temps pour le soldat Billy Lynn *qui a obtenu le National Book Critics Circle Award.*

Assaf Gavron

Traduit de l'hébreu par Sylvie Cohen

LE TYPE MONTA DANS MON TAXI sans crier gare.

C'était à Holon. Je venais de déposer un client dans une impasse dont je ne pouvais sortir qu'en reculant. J'effectuais cette manœuvre délicate quand j'entendis cogner contre la carrosserie. Une fraction de seconde plus tard, il se glissait sur la banquette arrière.

Je jetai un œil dans le rétroviseur. Malgré l'obscurité précédant le point du jour, je notai qu'il était roux. Un homme massif avec une énorme tête, un cou de taureau, des bras de déménageur.

« Où allez-vous ? demandai-je.

— À Beer Sheva. »

J'eus un haut-le-cœur. Beer Sheva était à cent kilomètres de là. Cinq cents shekels au bas mot. Qui sait si ce malabar allait me payer la course ? Ça ne pouvait pas tomber plus mal – j'avais pratiquement terminé mon service et je rêvais d'aller me coucher. Du coup, je ne serais pas au lit avant deux bonnes heures. D'un autre côté, je ne voyais pas trop comment me débarrasser de lui.

Je terminai ma marche arrière et roulai vers l'est, direction la sortie de la ville.

Deux minutes plus tard, je risquai un œil dans le rétroviseur et remarquai qu'il m'observait.

« Où ça, à Beer Sheva ? » dis-je.

J'accrochai son regard braqué sur moi. Je reportai mon attention sur la route avant de relever les yeux.

« À la prison. »

J'avalai ma salive et tendis la main vers le sachet de pépites, le viatique qui me permettait de tenir toute la nuit. Merde, il était vide.

« La prison de Beer Sheva ?

— C'est ça. »

Au feu rouge, je zieutai de nouveau dans le rétroviseur. Je distinguai sa face lunaire et son regard toujours rivé sur moi.

« Vous rendez visite à quelqu'un ? hasardai-je.

— Non. Je suis taulard. À perpète. Pour meurtre. »

Le feu passa au vert. Je fixai les lumières du véhicule devant moi.

« Vous avez la frousse ? » ajouta-t-il.

Je sentis mon estomac faire un looping. J'avais la bouche comme du parchemin et pas d'eau dans la voiture. Je ne sais plus qui m'avait dit un jour que, à la dernière heure de sa vie, on était hyper-décontracté. Tu parles ! J'allais y passer et j'étais sur le point de faire dans mon froc.

« Suis mort de trouille, répondis-je vivement.

— T'inquiète, je vais payer. C'est combien jusqu'à Beer Sheva ?

— Cinq cents. »

Un froissement de papier, une main en forme de battoir entre les deux sièges avant, des doigts tatoués, une liasse de billets. Je m'en emparai. Je n'osais compter de peur qu'il croie que je n'avais pas confiance. Je les serrai dans ma paume un bout de temps avant de les déposer dans ma caisse, à côté de moi.

Je pris la route du sud. Les petites heures du matin, quand le monde est néant, ont quelque chose de réconfortant.

Nouveau coup d'œil au rétroviseur. Il avait le visage tourné vers la fenêtre. Je songeai que dans ses yeux aussi, il y avait du réconfort.

Je m'éclaircis la gorge.

« Je ne voudrais pas être indiscret, dis-je, mais si vous êtes détenu à perpétuité à Beer Sheva, que fabriquiez-vous à Holon ? »

Il reporta son regard sur moi.

« Permission. Quarante-huit heures. »

Je hochai la tête.

« Ce matin, le comité de probation devrait décider d'une réduction d'un tiers de ma peine pour bonne conduite, enchaîna-t-il sur un ton amical. Huit ans.

— Bonne conduite, hein ?

— Tout juste. Je dois me présenter à l'appel du matin et c'est bon. »

Je consultai l'horloge de la voiture. 5 h 10. La pâle clarté de l'aube trouait l'obscurité à l'horizon.

« Quand est-ce ?

— À 6 heures. »

Mon regard passa derechef de la pendule à mon client avant de revenir sur le tableau de bord. C'était limite. En était-il conscient ?

« Quelle heure est-il ? demanda-t-il soudain, comme si mes doutes et mes incertitudes étaient soudain perceptibles. On va y arriver ?

— C'est limite », fis-je.

Par un fait exprès ou non, je levai légèrement le pied de l'accélérateur. L'aiguille du compteur descendit de dix kilomètres.

En relevant la tête, je vis quelque chose de changé dans son regard.

C'est un tueur. Qu'est-ce qui l'empêcherait de me supprimer et de foncer à la prison pour arriver à temps ? Réflexion faite, ce n'était pas dans son intérêt. Il aurait du mal à dissimuler le cadavre et la voiture. Le jour où on allait lui accorder une réduction de peine, en plus. Cela n'avait aucun sens. Oui, mais c'était un assassin. Ces gens-là n'agissaient pas dans leur intérêt ni de façon rationnelle. Ou peut-être que si ?

Il gardait toujours le silence, mais au fond de ses yeux, je vis qu'il n'avait pas choisi l'option meurtre. Il était entièrement à ma merci et il le savait.

J'appuyai sur le champignon.

ASSAF GAVRON est un romancier israélien, auteur de cinq romans parmi lesquels Croc Attack. *Il est aussi le traducteur en hébreu de Philip Roth et J. D. Salinger.*

David Gilbert

Traduit de l'anglais par Laurence Viallet

LE PETIT ET MOI – il est nerveux, ce petit, se méfie de la foule, se recroqueville chaque fois que quelqu'un hausse la voix, par exemple je me rappelle ce voyage dans le métro –, je crois qu'on allait voir jouer les Yankees, même si je suis pour ma part fan des Mets depuis toujours, mais on avait eu des billets par un ami, or les Mets sont archinuls et je ne me donne plus la peine de trouver des billets maintenant que le Shea n'existe plus, non pas que le Shea ait été un stade formidable, mais c'était un lieu formidable où se trouver, ou un lieu formidable où retourner, avec tous les souvenirs, surtout le Match n° 6, qui est gravé dans mon cerveau d'ado de quatorze ans, ce qui est vraiment dommage parce que la fin était pourrie, et la manière dont Buckner avait le dos rond après, c'était le dos rond de l'avenir foutu, le dos rond du il a vraiment eu lieu, mon pire cauchemar, mais on avait des billets pour aller voir les Yankees, et j'étais content car je n'emmène pas le petit voir autant d'événements sportifs que je ne le devrais, et maintenant le métro commence à s'emplir, style il est plein à craquer, il est bruyant, tapageur, intimidant, avec tous ces braillements et ces jurons – mon petit a horreur des jurons ; il entend un juron et il pense tout de suite qu'il va se produire un événement fâcheux – alors je regarde mon petit, pour m'assurer qu'il va bien, et je vois les larmes s'accumuler sous ses yeux, telle une canalisation qui s'évacue lentement, une chose que ma femme me reprocherait, à moi, comme le fait que je ne me rase qu'une fois par semaine, et je sens que mon fils commence à être bouleversé alors que nous sommes bousculés, écrasés, et je dois admettre qu'il y avait de quoi être nerveux et mon père aurait murmuré quelque chose à propos de bœufs, de putains de bœufs – ces putains de bœufs – mais je ne suis résolument pas mon père et je fais un effort pour traiter tous les gens de la même manière et pour comprendre d'où ils viennent, leur vie, leurs normes sociales – et ici mon père éclaterait de rire, suffisamment fort pour qu'on se demande s'il riait ou s'il criait des encouragements douteux – mais je veux que mon fils soit détendu dans ce genre de situation, qu'il n'ait pas peur, alors je lui dis, Tout va bien, ils font juste les idiots, et je souris et j'essaie d'instiller en lui un peu de *joie de vivre*[1], comme la fois où j'avais payé

1. En français dans le texte. *(N. d. T.)*

ce groupe de mariachis pour qu'ils nous suivent partout – ils jouaient dans Union Square Park, ils portaient de grands sombreros et des costumes aux couleurs criardes, et moi je disais, Ces types sont géniaux, putain – j'avais dit putain parce que je voulais qu'il s'habitue aux jurons, qu'il comprenne que ce n'était rien – je leur avais filé cent dollars pour qu'ils nous suivent partout pendant une heure, et je peux vous dire que c'était tordant, les gens riaient et prenaient des photos, c'était un chouette moment et une bonne leçon à donner au petit, qu'on peut s'amuser même quand tout paraît sombre et désespéré, on nous avait fait une douce sérénade et c'est resté un souvenir authentique, la science a prouvé que les souvenirs comptent même si ce n'est peut-être pas l'avis de ce bon vieux Bill Buckner, sauf que sans cette erreur Buckner serait un type oublié, c'était cela que je voulais apprendre au petit, que la vie est dure mais que l'on peut s'endurcir, et c'est ce que je lui dis du regard alors que nous sommes dans ce métro, et c'est à ce moment qu'une dispute éclate entre un garçon et une fille, âgés sans doute tous deux de seize ans, il essayait de lui toucher les cheveux et elle repoussait sa main en la frappant, toucher-frapper, toucher-frapper, les autres gamins font comme s'ils étaient au théâtre, au poulailler, et des oooooh, et des merde, et le garçon, il refuse de s'arrêter, et la fille, elle passe en DEFCON 2[1] et elle le frappe au visage, à mon avis plus fort qu'elle ne l'aurait voulu, et le garçon dit une chose vraiment infâme, l'attrape par le cou et la pousse sur les sièges, et maintenant la foule n'est plus au poulailler mais ce sont des parieurs hurlant leurs paris, et cela fait peur, et cela se produit si vite, si incroyablement vite, et peut potentiellement empirer rapidement, je vois mon petit qui souffre le martyre à se retrouver au milieu de tout cela et à présent les larmes ruissellent même si je sais qu'il essaie d'être courageux, et c'est le plus triste, de le voir essayer d'être courageux et d'échouer pourtant, je décide alors que je dois faire quelque chose, que c'est mon rôle de père, et mon cœur est un marteau-piqueur brisant le béton quand je relâche sa main et que je me fraie un passage dans la foule en hurlant, Hé, hé, arrêtez, comme si j'étais le père universel, et je place les mains sur les deux gamins, espérant que ma hardiesse, aussi hésitante soit-elle, pourra les envoyer, chancelants, chacun dans un coin, la tactique de l'homme blanc fou, et je crois même que je dis Calmos, bordel, ce que je regrette immédiatement mais qui en toute franchise était une chose que je disais régulièrement à la fac, Calmos, bordel, sans doute en ajoutant les poteaux, et le garçon et la fille et leurs copains, ils

1. Contraction des termes américains DEFense et CONDition, désignant le niveau d'alerte militaire des forces armées des États-Unis. *(N. d. T.)*

éclatent de rire comme on pouvait s'y attendre, et pendant quelques instants l'on dirait que cela suffit, pendant quelques instants au moins on dirait que leurs tensions ont été désamorcées – continue, train n° 4, continue, et moi j'en suis l'improbable héros, le bon citoyen, le noble père, moi qui sans ce petit qui me fixait des yeux serais allé faire le dos rond dans le coin le plus éloigné.

DAVID GILBERT est l'auteur des Normaux. *Son nouveau roman s'intitule* & Sons.

Alex Gilvarry

Traduit de l'anglais par Bernard Cohen

JE SUIS MONTÉ dans la rame. Deux femmes ont attiré mon attention. Je les ai remarquées dans cet ordre : la première avait des cheveux sombres, des yeux persans et un manteau rouge à gros boutons ; la seconde, debout près de la porte, un foulard jaune décoré de petites moustaches autour du cou, le visage pointu, m'a tout de suite lancé un regard tranchant, comme si elle me détestait. Résultat, je me suis assis en face du manteau rouge. C'est comme ça que je prenais mes décisions depuis que j'étais tout jeune. Dans le métro, ce sont les personnages qui mènent la danse.

J'ai cherché à croiser le regard de la première. Si ses yeux rencontraient les miens, je ne les détournais pas et je maintenais le contact aussi longtemps que possible. J'avais vu ça dans des films. Sauf que je ne savais pas trop quoi faire après.

Mes yeux se sont promenés sur elle. J'ai noté l'absence d'alliance. Non que ce détail m'ait jamais arrêté. À l'époque, j'avais une histoire avec la femme de l'un de mes amis. Si je n'étais pas assez proche d'eux pour avoir assisté à leur mariage, nous n'étions pas non plus de simples connaissances. Il passait de longues journées dans le quartier de la finance, elle travaillait à la maison, écrivait pour un site internet féminin. Je la voyais essentiellement pendant mes pauses déjeuner. L'aventure durait une heure vingt au total, depuis le moment où je quittais le bureau jusqu'à mon retour, en comptant le trajet en métro et les quinze minutes de marche jusqu'à son appartement au bout de Grand Street. Cinquante minutes de déplacement pour vingt de coït. J'étais rhabillé en deux minutes et demie, encore transpirant de nos ébats. Au total, c'était excitant. Je ne nourrissais aucune attente. J'aimais tracer ma propre route.

La femme au manteau rouge m'a regardé droit dans les yeux. Je ne me suis pas détourné mais comme elle insistait, j'ai commencé à me sentir mal à l'aise. Qu'est-ce que j'étais censé faire ensuite ? J'ai souri, elle aussi. Parce que j'avais l'impression qu'elle me mettait la pression, je me suis concentré sur la publicité d'une clinique dentaire.

Nous avons traversé un quartier exceptionnellement pourri. À la station suivante, David

Grandstaff est monté dans le wagon. C'était un ami d'enfance. On n'oublie jamais ce genre de type. Il portait une vieille veste militaire très sale. Je n'avais aucune envie de le voir. Il est resté près de la fille au foulard jaune, qui lisait maintenant l'un de ces journaux gratuits qu'on distribue aux heures de pointe. J'ai continué à observer l'affiche des dentistes.

« Gilvarry ! » a lancé Grandstaff. Il s'est approché, m'a serré l'épaule. « Qu'est-ce que tu fabriques sur cette ligne ?

— Je la prends tous les jours.

— Comment va ta mère ?

— Très bien. La tienne ?

— Pas si bien. Mais je peux pas trop parler, je suis en service. »

Je savais qu'il était devenu flic. Sa mère l'avait raconté à la mienne.

« Tu vois ça ? » Il a pointé le doigt sur un mouchoir violet qui dépassait de la pochette de sa veste. « C'est la couleur du jour. Ça permet aux autres de m'identifier, et comme ça je ne me fais pas buter.

— Ça a l'air dangereux.

— Quoi, les stups ? Un peu, oui ! La semaine dernière, un gars s'est fait tirer dessus parce qu'il portait pas la bonne couleur. On en change tous les jours. Mais ça va, il est toujours vivant. Une erreur. Hé, combien tu mesures, maintenant ? Lève-toi.

— Un mètre quatre-vingt-douze », ai-je répondu sans quitter mon siège.

Grandstaff égal à lui-même, pareil que dans notre enfance. Un sociopathe. Armé, à présent.

« On a toujours eu la même taille, toi et moi. Je fais encore un quatre-vingt-douze, moi aussi. »

Qu'est-ce qu'il voulait dire par « encore » ? Je ne l'avais pas revu depuis le temps où nous étions deux petits crétins. Comment pouvait-il être si sûr que nous aurions toujours la même taille ? À l'époque déjà, je savais que nous étions différents. Agacé, je me suis mis debout. Il m'a obligé à me retourner pour que nous nous trouvions dos à dos, et il a posé sa paume sur nos crânes.

« Il est plus grand, a dit la fille en rouge.

— Voilà. Tu as entendu ?

— Ouais, mais tu as des bottes. C'est peut-être pour ça. Je dirais que tu fais un mètre quatre-vingt-huit, maxi. Hé, il a des bottes... »

Je me suis rassis.

« Qu'est-ce que ça peut faire ? »

Grandstaff était venu troubler un excellent moment entre deux inconnus. Aucune raison de la jouer sympa. Je n'étais plus jeune et stupide. Je connaissais la vie. J'attirais naturellement les gens. Je sentais ça. Les femmes dans le métro, les petits enfants. Ce n'était plus comme à l'adolescence. Je prenais mes décisions. Je choisissais où m'asseoir et où rester debout. Mais n'empêche, où aurais-je pu m'échapper ? Les Grandstaff surgissaient de partout. Ils étaient aussi banals et inévitables que les boîtes aux lettres. Et pourtant, où étaient-elles quand on avait besoin d'en poster une ?

Bref, il est descendu à la station suivante, poussé par le goût du risque. Il allait lui arriver un sale truc. J'en étais sûr. Ils ne verraient pas son mouchoir violet et… La fille au manteau rouge me regardait avec ses yeux persans. Pour elle, j'étais devenu quelqu'un d'intéressant.

ALEX GILVARRY est l'auteur du roman From the Memoirs of a Non-Enemy Combatant.

Andrew Sean Greer

Traduit de l'anglais par Hélène Papot

IL Y A PLUSIEURS MANIÈRES de devenir un homme. Notre attention se portera aujourd'hui sur la plus simple. Prenez un homme dans son environnement naturel, un endroit où il est à l'aise. Un pub ou un bureau sont tout indiqués, car les vrais hommes excellent lorsqu'ils se sentent puissants ou détendus, et vous aurez le choix entre divers spécimens. Sélectionnez-en un de deux tailles au-dessus de la vôtre. C'est important. Pour l'endormir définitivement, le plus simple est encore de l'emmener dans une chambre d'hôtel, après quelques cocktails, mais vous pourrez trouver commode d'agir chez vous, dans votre salle de bains. Vous veillerez à ce qu'il meure avec le sourire. Vous veillerez également à garder intacts ses organes génitaux. Vous commencerez par là, c'est plus facile, et remonterez doucement mais résolument jusqu'au menton en pratiquant une ouverture avec vos doigts. Imaginez une ligne au centre de la chemise bleu foncé qu'il boutonne chaque matin devant le miroir, à moitié endormi ; plus tard, une cravate rayée permettra de cacher d'éventuelles imperfections. En partant du sternum, tracez deux traits jusqu'à la paume de la main. Pour la partie inférieure, suivez ce que vous supposez être la couture intérieure de son pantalon, celui du costume de son premier mariage qu'il garde peut-être pendu dans l'armoire. Appliquez un traitement identique aux mains et aux pieds en dessinant un point d'interrogation dans leur intérieur charnu. Il ne vous reste plus qu'à retirer délicatement la peau. Pour la tête, faites-vous aider d'un professionnel. Une fois l'opération terminée, vous pourrez laisser travailler une couturière ou, si vous préférez, recoudre vous-même les bras et les jambes. N'hésitez pas à poser une fermeture éclair invisible, si ça vous chante ! Répétons-le, il est préférable que votre sujet ait eu une expression plaisante au moment de mourir, un sourire que vous aurez fait naître avec un compliment ou une caresse sur son corps nu près de vous. Un air rêveur à l'idée des changements que vous allez apporter dans sa vie. Quelle chance il a, oui, quelle chance. La vision fugitive d'un futur rempli de bienveillance. Débarrassé de ses luttes, de ce père auquel il n'aime pas penser, des espoirs qu'il avait, enfant, d'être riche, reconnu, généreux et majestueux quand il serait grand. Que tout cela lui paraît étrange, désormais. Ce genre de sourire.

Parvenu à cette étape, s'enduire de crème pour bébé peut être utile. Maintenant – et en douceur, il le mérite bien après tout – déshabillez-vous et glissez-vous à l'intérieur.

Andrew Sean Greer est l'auteur de L'Histoire d'un mariage *et, plus récemment,* Les Vies parallèles de Greta Wells.

Mohsin Hamid

Traduit de l'anglais par Bernard Cohen

QU'EST-CE QUE ÇA POUVAIT BIEN VOULOIR DIRE, « marche comme un homme » ? Pourtant, Omar avait tellement mal qu'il a enlevé son maquillage et commencé à essayer.

L'écrivain pakistanais MOHSIN HAMID *est l'auteur de* Partir en fumée, L'Intégriste malgré lui *et, plus récemment,* Comment s'en mettre plein les poches en Asie mutante.

Adam Haslett

Traduit de l'anglais par Laurence Viallet

LE CURÉ ÉCOUTAIT PLEURER LE BANQUIER. Le micheton brisa le cou de la pute. Le tireur tira. Il dit, le tueur en moi est le tueur en vous. Le violeur ne fut pas inquiété. Le conducteur conduisait. Le barman essayait de ne pas détester le gamin en costume. Le joueur avait mal aux pouces. Il détestait que le jeu devienne ennuyeux. Le dealer prit ses pigeons en pitié. Le vendeur essaya d'avoir la foi. Son pote s'en fichait. Le guerrier nomade rata son vol. Les agents de sécurité durent reculer. Le présentateur devint nerveux. Le boulanger cherchait sa femme dans les décombres. L'associé dormit chez l'imprimeur. Le directeur financier obtint son augmentation. Les dettes furent épongées. Le chef reçut une étoile. Le capitaine rata son coup par la bande. Le mécanicien aéronautique n'avait jamais eu l'intention de frapper son petit ami. Sur l'aire de jeux, ce n'étaient que nounous et pères. Le vieil homme attrapa le gosse.

C'était chiant de se faire crier dessus. Le gardien admira la vue nocturne mais il se sentit seul. Le graphiste détestait le client. Le bidasse se fit branler par la fille du colonel. L'écrivain pensait que les phrases courtes faisaient de lui un vrai dur. La reine eut son jour de gloire. Si la chaussure va, signez sur les pointillés. Même si l'affaire ne dure pas. Inventez tout. Le député démissionna pour un meilleur salaire. Le détenu pratiquait le yoga pour se détendre. Tout au long de la tour de guet, les caméras continuaient à surveiller. Le pilote de drone ne buvait jamais avant la fin du service. Le bureau était une pièce aveugle. Le policier fouilla le gamin. La petite amie du videur ne cessait de répéter que tout irait mieux s'il pouvait pleurer de temps en temps à propos du curé. Le mieux, c'était de gagner. La numération des spermatozoïdes s'effondrait. Le chef d'orchestre salua. Le doigt du soudeur fut sauvé. Le porno ne s'arrêtait jamais. Le comédien s'était fait emmerder par ses copains de lycée parce qu'il faisait du théâtre, mais il passait maintenant à la télé. Le type qui faisait la plonge envoyait tout son argent au pays. Il n'y avait plus de travail. Le président jeta un dernier regard à la foule. Le temps de la patience devant les épreuves était révolu. L'emprunt était énorme. Pendant la sécheresse, le paysan cessa de lire sa bible. Tirer un coup n'avait rien d'une nouveauté, mais on pouvait encore s'en vanter pendant plusieurs mois. Le couvreur glissa. Tout l'argent allait au marketing. La logistique, c'était là que tout merdait. La démo du roadie tourna partout. L'infirmier ne cessait de rêver qu'il était un esclave de retour sur une plantation, mais sa femme ne voulait pas en entendre parler. Le temps s'écoulait. Si ce n'était pas de la jalousie, ce n'était pas non plus de l'amour. Le dompteur restait optimiste. Personne ne veut être un pleurnicheur. Les balles du tireur touchèrent leur cible. Parfois, il est difficile de sauver les apparences.

Adam Haslett est l'auteur du recueil de nouvelles Vous n'êtes pas seul ici *et, plus récemment,* L'Intrusion.

Alan Heathcock

Traduit de l'anglais par Olivier Colette

VERNON HAMBY S'ACCROUPIT dans la cabane de pêche aux murs noirs. Il avait scié un rectangle dans la glace, dévoilant l'éclat laiteux du lac en dessous. Un poisson en bois et en métal pendait dans le trou. Un peu plus tôt, une grande ombre était passée sous le leurre. À présent, Vernon tenait la lance au-dessus de l'ouverture, les yeux fixés sur l'eau, l'avant-bras tremblant.

Quelqu'un cogna à la porte. Vernon sursauta et lâcha la lance, qui fendit les ténèbres glaciales. Il scruta les profondeurs vides en poussant un soupir embué et pria pour que la personne s'en aille.

Un autre coup retentit.

« Pasteur ? » appela une voix de femme. Vernon faillit ne pas répondre, mais elle semblait désespérée. Il se redressa et trouva le loquet dans le noir. La porte s'ouvrit sur le lac ensoleillé et des collines enneigées – un monde d'une clarté aveuglante. Vernon se protégea le visage avec un gant, plissant les yeux pour mieux voir.

« Ça fait un moment que je vous cherche, dit-elle. J'ai besoin de vous, monsieur. »

C'était Pearl Ottestad. Pas plus de trente ans, mais l'air déjà vieille. Vernon lui emboîta le pas sur le lac gelé. Il savait qu'elle était là à cause de l'incendie qui avait détruit sa maison deux nuits plus tôt. Le feu s'était déclaré dans la chambre de son fils, qui était en soins intensifs à l'hôpital du comté.

Il attendit qu'ils soient dans le pick-up de la jeune femme pour demander : « Comment va l'enfant ? »

Pearl détourna ses yeux blessés, secoua la tête. « Tom a mal réagi. Il est parti dans les bois avec son fusil. » Elle raidit le menton, grinçant des dents. « Je ne savais pas à qui m'adresser. Mon propre mari refuse de me parler. Je ne savais pas quoi faire. »

Ils se garèrent près des ruines de la maison – un amas de planches et de briques calcinées, d'arbres brisés et noircis par les flammes, de neige souillée par la cendre. Vernon habitait le vallon d'à côté et, depuis son porche, il avait vu le brasier orange cingler la nuit.

Lorsqu'il demanda quelle direction Tom avait prise, Pearl lui désigna les empreintes dans la neige. Vernon les suivit en se faufilant entre les noyers blancs, descendit un défilé, remonta un ravin, puis s'avança parmi d'autres arbres jusqu'à une minuscule cabane sans fenêtres. Il faillit appeler, mais décida d'ouvrir directement la porte. Une lumière oblique s'engouffra dans la pièce, révélant une réserve de bois fendu, un poêle en fer. Tom était assis par terre, le dos contre la pile de bois, un fusil posé sur les planches entre ses jambes tendues. Vernon entra et s'installa à côté du jeune homme. Il songea à citer les Saintes Écritures, mais aucun passage ne lui sembla approprié. Ce n'étaient que des mots. Des mots de sermons. Charmants, mais inadaptés. Ils restèrent côte à côte en silence.

« Tu sais sûrement que j'ai perdu mon fils à la guerre, déclara enfin Vernon. À cause d'une bombe sur la route. » Il ferma les yeux, les poings serrés dans les poches de son manteau. « *Sois un homme,* ajouta-t-il. C'est ce qu'on m'a dit à l'époque. *Sois un homme.* Un homme, ça doit être sûr de lui. Faire face avec conviction. Ça doit toujours dire ce qu'il sait. Ce qu'il *sait.* C'est ça, un homme. C'est ça, être fort. Jamais de peur, jamais de doutes. *Jamais, jamais, jamais...* » Vernon s'adossa à la pile de bois, rouvrit les yeux. Une fente laissait apparaître un ciel de plus en plus sombre près du faîte de la cabane, là où les bardeaux étaient abîmés. « Parfois, j'aimerais ne pas être un homme du tout. J'aimerais être un arbre parce que les gens pourraient souhaiter qu'un arbre fleurisse en hiver mais, comme c'est impossible, ils ne le font pas. » Il se tourna vers Tom, qui fixait le poêle. « Nous ne sommes qu'une bande de menteurs, poursuivit-il. Une bande de menteurs et d'imposteurs. Comme le monde se porterait mieux si les hommes se contentaient de dire "Je ne sais pas" au lieu de prétendre le contraire ! »

Puis tout lui revint, toute la douleur, toute l'impuissance, et il sanglota et gémit doucement tandis que Tom s'abandonnait aussi à son chagrin. Épaule contre épaule, les hommes pleurèrent ensemble dans la cabane sombre et froide.

Une lumière crépusculaire se répandit dans la pièce. N'ayant rien d'autre à offrir, Vernon saisit tendrement le poignet de Tom. « J'espère t'avoir un peu réconforté. »

Las, incertain, il partit. Il ne regarda pas en arrière mais, à chaque pas, pria pour ne pas entendre un coup de feu. Puis il se cacha derrière un arbre et observa la cabane, tremblant, priant. Enfin, des étincelles jaillirent du conduit de la cheminée et des volutes de fumée bleue se mêlèrent aux cieux.

ALAN HEATHCOCK est l'auteur d'un recueil de nouvelles, Volt. *Il enseigne la littérature à l'université de Boise (Idaho).*

Aleksandar Hemon

Traduit de l'anglais par Johan-Frédérik Hel Guedj

JOSHUA RENTRAIT À PIED, sa vessie dilatée le forçant à presser le pas. Il se dépêcha de déverrouiller sa porte d'entrée et fila droit aux toilettes. C'est là qu'il remarqua le gonflement des rideaux. Il était certain de n'avoir laissé aucune fenêtre ouverte. Cela réveilla aussitôt en lui le souvenir profondément ancré des ninjas qui se faufilent au cœur de la nuit. La peau en papier pelure et les os pleins de vide, Joshua ne pesait pratiquement rien ; les moutons de poussière l'emportèrent vers sa chambre, en lévitation.

En revanche, aucun souvenir profondément ancré ne lui revint pour l'aider à décider quoi faire au cas où il y aurait vraiment quelqu'un dans la chambre. En conséquence, lorsqu'il découvrit un homme agenouillé au sol, en sanglots, le visage enfoui dans ce qui était sans l'ombre d'un doute un caleçon imprimé des motifs de la bannière étoilée, il en resta paralysé. Ce caleçon, Joshua l'avait jeté ce matin dans le panier à linge sale, et le panier était bien là, renversé sans merci, et le reste de ses sous-vêtements sales étaient là, alignés sur le sol, soumis à l'inspection d'un pervers. Le catogan de l'homme, sur sa nuque, était parcouru de soubresauts, au rythme de ses sanglots ; il portait un blouson en jean sans manches, de sorte que l'aigle tenant la Terre entre ses serres tatoué sur son biceps nerveux était bien visible. Il connaissait cet homme, il s'en rendit compte – l'espace d'un flottement, d'une demi-seconde, cette prise de conscience le réconforta.

— Stagger ! Qu'est-ce que tu fabriques, bordel ?

Stagger se releva d'un bond et fonça vers la fenêtre ouverte, en essuyant ses larmes contre le caleçon de Joshua. D'un grand revers de main, il écarta les rideaux gonflés et se faufila dehors comme un vrai ninja, et comme l'ancien marine qu'il était.

Joshua s'assit sur le lit, reprit son souffle et contempla les caleçons étalés par terre, comme s'il y avait là un message à décoder. Et son cœur à présent galopait tout droit vers l'infarctus. Il laissa échapper un cri primal, inarticulé, face aux rideaux encore gonflés, et se leva pour aller fermer la fenêtre. Avant de revenir au lit, il flanqua un coup de pied dans ce tableau de caleçons. Le cœur cognant, la vessie enflée, il s'allongea et contempla le ventilateur de plafond, immobile, indifférent. Stagger, peut-être serait-il pertinent de le préciser, était son propriétaire et son voisin du dessous. Peu après son emménagement, Joshua avait pu l'entendre beugler, fracasser des objets, claquer des portes. Une fois, cela avait duré toute la nuit, et après Stagger était monté s'excuser, imputant ces crises à son trauma irakien. C'était ce qui le poussait parfois à des accès de démence, avait-il avoué. Et, en guise de réconciliation, il avait proposé de lui montrer ses deux sabres de samouraï.

Une sirène hurla plus loin dans la rue, et Joshua souhaita que la police vienne par ici ; il espérait parfois que ses seules pensées produisent des conséquences, sans l'étape intermédiaire du passage à l'acte. Sans sa vessie près d'éclater, il aurait bien contemplé le ventilateur du plafond jusqu'à la venue du Messie.

Dans les circonstances difficiles, on puise toujours un certain réconfort dans les plus petits plaisirs, et le jet d'urine de Joshua était dense et régulier. Il y avait, au-dessus de la lunette des toilettes, une reproduction d'une peinture de chasse à courre : habits rouges et bombes noires, de grands destriers et quelques nuages qui s'avançaient en volutes au-dessus d'un paysage de composition victorienne. Stagger avait inventé un sobriquet à Joshua, que ce dernier détestait encore plus que les violentes orgies nocturnes de son logeur. Lundi prochain, il se tirerait de cet endroit de merde.

La porte d'entrée cliqueta et puis quelque chose bougea dans l'angle où le renard s'était figé dans sa fuite, toute alternative à jamais perdue. La voix (Joshua identifia instantanément celle de Stagger) s'exclama : « Qu'est-ce qui se passe ici ? »

En un éclair, Joshua se retourna, secouant sa queue tremblante et aspergeant – de droite à gauche – la lunette relevée des toilettes, le rouleau de papier posé à côté, *A Spinoza Reader* et *The Zombie Encyclopaedia*, jusqu'à ce que, se répandant encore quelques giclées sur la cuisse, il se retrouve face à Stagger qui se tenait sous la suspension du couloir, les poings sur les hanches, le visage calme, maître de lui, à l'extrême limite de l'insanité.

— Tout est OK, Jonjo ? demanda Stagger, et il baissa les yeux, tout sourire, sur la queue de son locataire qui gouttait.

Joshua s'échappa des toilettes, buta contre la hanche de Stagger pour filer par la porte d'entrée qui, détail providentiel, n'était pas fermée. Il dévala l'escalier d'une traite, finit par se retrouver au milieu de Magnolia Street, où il replaça enfin son pénis dans son habitat naturel. Son entrejambe et ses jambes de pantalon étaient complètement trempés, sa main gauche collante d'angoisse et d'urine. De la droite, il chercha son téléphone portable à tâtons pour appeler la police, mais il se rappela bientôt avoir lâché ses clefs et son portable sur la table de l'entrée. Il s'accroupit, recroquevillé dans une posture douloureuse, puis il se déploya, comme dans un plan accéléré de fougères en pleine croissance, parce qu'un taxi venait de piler pour ne pas l'écraser. Le chauffeur, en colère et aussi lugubre qu'une vision de cauchemar, sortit de sa voiture et s'exclama : « Hé ! »

Ce même soir, Joshua emménagea avec Kimiko.

Né à Sarajevo et installé aux États-Unis, ALEKSANDAR HEMON *est l'auteur du* Projet Lazarus, *récompensé en 2008 par le National Book Award, et plus récemment d'un recueil d'essais intitulé* The Question of Bruno. *Il a reçu la bourse de la fondation MacArthur en 2004.*

Joe Henry

Traduit de l'anglais par Bernard Cohen

VOUS NE POUVIEZ PAS SAVOIR.

Je suis né en 1912 au sud de Montréal, d'une mère qui avait de grands idéaux et d'un père résolu à les trahir.

J'étais voué à d'humbles tâches : couper du bois, tuer des lapins, traire les vaches, pelleter la neige, casser la glace et sortir des tassergals des eaux sombres.

À neuf ans, j'étais enfant de chœur ; à dix, je fumais des cigarettes derrière la cuisine de la maison paroissiale, prenant soin de jeter les mégots dans la poubelle du cuistot qui maintenait la porte de service ouverte, tout comme lui.

À treize ans, j'ai été envoyé dans une école pour sourds et malentendants, même si je ne l'étais pas ; c'est seulement que je parlais peu et que j'agitais les mains comme si j'avais un don, ou que j'étais gravement déséquilibré. Là, j'ai appris à écrire, à danser, à parler par signes, à additionner, à diviser et à conquérir. À quinze ans, je chargeais des fours à charbon à Hamilton, et un an plus tard je faisais de même dans la salle des machines d'un grand navire de guerre, sillonnant la mer à toute vapeur dans l'espoir de participer à une formidable bataille. J'avais le mal du pays et je me sentais abandonné, jusqu'à ce qu'un officier me prenne sous son aile. Il s'était mis en tête de m'enseigner tout ce qu'il savait pendant que je lui retirais ses bottes et que je nous servais du thé et des biscuits secs.

À vingt ans, je trafiquais des armes ; à vingt-trois, je donnais des conférences sur les maladies infectieuses, déployant des cartes et plantant des épingles tout autour de villes baignées par des fleuves pollués. À vingt-huit ans, j'étais le scandaleux béguin de la femme d'un gouverneur, toujours hors-champ sur les photos officielles, tenant dans mes bras une pile de chapeaux et de longs manteaux ; et à trente et un, j'ai dû lutter pour sauver ma peau car on m'accusait d'avoir dérobé certains papiers qui auraient pu – mais cela n'a pas été le cas – procurer à nos ennemis jurés quelque soulagement aussi secret qu'inutile.

J'ai été somnambule, adepte du gin-rummy, falsificateur de timbres, conducteur de traîneaux à chiens et aspirant chimiste – avant cette erreur qui faillit m'être fatale lors de mes recherches sur l'amnésie. J'ai écrit des poèmes dans des trains, et donné un spectacle de marionnettes aux enfants la fois où nous avons déraillé à cause d'une avalanche tombée tel un rideau sur la voie ferrée, nous bloquant neuf jours durant au pied d'une montagne imprévisible, avec une vue à couper le souffle mais peu de vivres ; j'ai fini par partir à pied pour ramener de l'aide, seul, la compagnie m'offrait la gratuité des transports à vie si je m'en tirais.

Tout cela, c'était il y a bien longtemps, pourtant. Désormais, peu de choses m'occupent, sinon la pensée récurrente que jadis, à l'école, juste devant moi, tu apprenais à tracer ton nom dans le vide avec les doigts, et à lire sur les lèvres, j'aurais simplement pu bouger les miennes pour dire « écoute-moi », de sorte que tu aurais pu lire « aime-moi », et que tu l'aurais fait.

Joe Henry est musicien, compositeur de chansons et producteur récompensé par plusieurs Grammy Awards.

Au cours des vingt dernières années, il a travaillé avec des artistes aussi divers qu'Aaron Neville, Bonnie Raitt, Elvis Costello et Madonna. Son dernier disque en date s'intitule Reverie.

Khaled Hosseini

Traduit de l'anglais par Valérie Bourgeois

UN DE MES COPAINS À KANDAHAR, mécano de son état – Leon, qu'il s'appelle, mais on le surnomme Mississippi parce qu'il a toujours une chance sidérante au poker avec la carte dite « River » –, a une petite manie bien à lui. Toutes les choses de la vie lui inspirent une analogie avec le Texas hold'em. Pour peu qu'on tende l'oreille lorsqu'il travaille sur un sept-tonnes, on a de fortes chances de l'entendre déblatérer sur untel à qui sa copine a fait le coup du slowroll[1], ou tel autre, auteur d'un one-outer[2] en ayant réchappé sans une égratignure à l'explosion d'une bombe artisanale à Helmand.

Si je lui exposais les faits, là, maintenant – les coups de fil passés à mi-voix, les sorties en douce

1. Au poker, comportement mal perçu qui consiste à faire attendre l'adversaire avant de lui montrer une main gagnante. *(N. d. T.)*

2. Cas d'un joueur très chanceux qui complète sa combinaison dès la première carte tirée dans le paquet. *(N. d. T.)*

dans la journée, sa distraction depuis quelque temps –, si je demandais à Leon quelle est la probabilité pour que Joni cherche à se venger de ma brève histoire avec cette caissière de chez Lowe's, l'été dernier pendant ma permission, je crois qu'il me répondrait : « Aussi grande que celle d'avoir une paire de valets, Wade. Au moins. »

Voilà la pensée qui me traverse l'esprit lorsque le portable de Joni se met à sonner. Je m'en empare avant elle et je prends l'appel. Un type à l'autre bout de la ligne m'explique qu'il a dû se tromper de numéro.

— Non, c'est bien le portable de Joni. Vous êtes qui, vous ?

— Ray.

— Ravi de vous faire votre connaissance, Ray, dis-je en toisant Joni. Qu'est-ce que vous voulez à la mère de mes enfants ?

Joni m'arrache le téléphone des mains.

— Bonjour, Ray. Je m'excuse pour cet accueil, je suis vraiment très gênée.

Elle l'écoute parler, les yeux baissés.

— Oui. Très bien. Je le note, déclare-t-elle ensuite en prenant un crayon sur le plan de travail de la cuisine. J'y serai. À demain. Bonsoir.

Après, elle semble en avoir fini avec ses reproches à mon égard.

Quand elle m'annonce : « Je l'ai découvert en prenant ma douche », je ne comprends d'abord pas.

— Ils m'ont déjà fait venir deux fois, continue-t-elle. J'y retourne demain pour une ponction.

Elle me montre sa poitrine. Là, je comprends, et je commence à m'effondrer intérieurement. Je laisse quelques instants s'écouler, le temps de rassembler mes esprits.

— Pourquoi tu ne m'as rien dit ?

Elle me dévisage comme si j'avais posé la mauvaise question.

Plus tard. Dans le noir. Je suis éveillé, encore sous le choc. Mes oreilles bourdonnent autant qu'après l'explosion toute proche d'une grenade. Je me tourne vers Joni, ma femme depuis dix ans, la mère de mes trois filles. Je contemple ses cheveux étalés sur l'oreiller, son profil éclairé par la lune.

— Ils pensent que c'est un… ?

Je ne peux me résoudre à prononcer le mot.

Joni garde une photo de moi dans son sac à main. J'y apparais en uniforme, col officier, gants blancs, casquette à visière. Sept milliards d'êtres humains dans le monde, des gens bien pour la plupart, et c'est avec moi, le connard menteur et faux cul, qu'elle a choisi de passer sa vie sur cette terre. J'ai une brusque vision d'elle, émaciée, une charlotte sur son crâne chauve, traînant les pieds dans un couloir et poussant un pied à perfusion, un tuyau relié à son bras.

— Joni, qu'est-ce que je vais faire si… ?

Elle soupire.

— Tu es un vrai gosse, Wade.

Le lendemain, après avoir accompagné les filles à l'école, je reste dans la salle d'attente lorsque l'infirmière appelle Joni et je regarde le petit poisson bleu qui ne cesse d'entrer et sortir d'un rocher creux dans son aquarium. Une femme sur neuf. J'ai lu ça quelque part. J'ai l'impression que le sol sous mes pieds n'est pas stable. Quand elle revient, Joni a l'air pâlotte.

Quelques jours plus tard, je suis de retour à la base de Kandahar. Assis devant ma tente, près du mess Harvest Falcon, je fume et je transpire par 41 °C. J'ai mon ordinateur portable sur les genoux, et à l'écran s'affiche un e-mail de Joni. *Mes résultats.*

Mes jambes tremblent. Le courage me manque encore.

En quittant les États-Unis, alors que j'attendais d'embarquer à l'aéroport de Norfolk, je suis entré dans une boutique de souvenirs pour jeter un œil aux mugs en céramique, aux sacs à main, aux boucles d'oreilles, aux chatons en cristal, et je jure que si j'en avais eu les moyens, j'aurais acheté toutes les jolies babioles qu'il y avait là. Comme si cela avait pu tout compenser.

Je distingue le claquement régulier des pales d'un Chinook dans les airs, puis l'hélicoptère passe vivement au-dessus de moi, si disgracieux avec ses rotors. J'ai eu ma dose de frayeurs en Afghanistan. Comme cette nuit où nous sommes tombés dans une embuscade. Abrité derrière un tout-terrain renversé sur le côté au beau milieu d'une zone de combat, j'entendais les balles crépiter près de ma tête. Des obus traceurs sifflaient dans le ciel, des tirs de mortier faisaient tout exploser autour de moi. Mais jamais je n'ai eu aussi peur qu'à cet instant. Pas comme ça. Je suis terrifié à l'idée d'ouvrir son mail. Quand elle m'a déposé à l'aéroport de San Francisco, je lui ai demandé une fois de plus : « Que vais-je faire, Joni ? » Je pensais à moi et aux filles, sans elle, je pensais à notre nuit de noces, à ce moment où j'ai bu du vin pétillant dans une flûte en plastique en la regardant chanter sur scène *When I Grow Too Old to Dream.*

« Essaie d'être un homme », a-t-elle répliqué d'un ton impassible.

Assis dans la chaleur afghane, devant la brume rose-orange qui cède la place à l'obscurité audessus de l'horizon, devant les étoiles qui clignotent comme des petits points fantomatiques dans le ciel, je ferme les yeux en m'efforçant de me rappeler les paroles de cette chanson.

Écrivain américain d'origine afghane, KHALED HOSSEINI *est l'auteur des* Cerfs-volants de Kaboul, *de* Mille soleils splendides *et, plus récemment, d'*Ainsi résonne l'écho infini des montagnes.

Bronwen Hruska

Traduit de l'anglais par Bernard Cohen

CECI N'EST PAS TA VIE.

Ceci n'est pas ta maison, ni ta famille, ni ta nourriture. Ni ta table de travail, ni ton État. Le lit où tu dors n'appartient à personne en particulier, et pour la première fois en dix ans, tu n'as pas à le partager. Même la neige derrière la fenêtre, les grands sapins et la rivière ne sont pas à toi. Après avoir existé si longtemps au milieu de tes affaires et de tes repères, le changement est dérangeant. Et curieusement libérateur, aussi.

La seule chose qui t'appartienne, ici, c'est le temps. Ton temps. Vingt-quatre heures par jour, sept jours par semaine. L'idée est d'écrire, sans cesse, jour après jour, mais en réalité, tout ce que tu es censé faire est… ce que tu veux. Et à considérer les choses de cette façon, tu finis par croire que tu en es capable, en effet. Les hommes savent cela depuis des lustres.

Ce sont eux qui ont inventé les indicatifs

régionaux. Une manière d'aller baiser ailleurs sans que ça compte. De contenir en trois chiffres le chaos de l'absence totale de loi. Tu commences peut-être à discerner le charme de ce raisonnement. Penser comme un homme.

Une soirée dansante est organisée à l'atelier de dessin de modèles vivants. Les termes paraissent vaguement familiers. Comme au lycée, à la différence qu'alcool et sexe sont autorisés. Personne ne danse mais ça flirte, et après quelques bières de trop, ça s'embrasse sur la véranda. Il y a l'odeur d'un cou que tu ne connais pas mais que tu aimes plus que tu ne devrais. Il y a des doigts qui effleurent la peau très sensible à l'endroit où ton jean forme un creux devant. Il y a des souffles précipités qui produisent de la buée dans l'air et semblent le réchauffer. Il y a l'excitation à l'idée que quelqu'un puisse voir, et la peur que quelqu'un voie. Il y a des mots, doux, pressants, stimulants. Des sons aussi. Des halètements et des grognements que tu n'entendais plus depuis un temps. De l'attente. Et il y a le moment de vérité, quand tu dois décider s'il faut rentrer pour rejoindre le lit où tu dors mais qui n'est pas le tien. Sauf que tu penses comme un homme, maintenant, et ici, ce n'est pas ton préfixe régional. La décision est d'une facilité surprenante.

À l'intérieur, le charme se brise. La lumière est trop forte et tu as la bouche sèche. Vous tombez du lit étroit et vous vous retrouvez sur le sol, mais vous êtes trop ivres pour en rire. Tu songes que tu ferais mieux de dormir mais tu es là, et il est là aussi, alors vous continuez sur votre lancée et vous le faites. Tu te réveilles tard. Et là, te voilà dans le réfectoire.

Est-ce que les autres savent ? Est-ce qu'ils s'en soucient ? Et pourquoi tes mains tremblent-elles ? Tu le vois le premier, il te voit ensuite, il détourne les yeux et tu fais pareil. C'est un peu cuisant, ce dédain. Sois un homme, te recommandes-tu ; ne te laisse pas atteindre par ça.

Penser au sexe nuit à la concentration. Ton temps ne t'appartient plus tant que ça, maintenant. Tu essaies d'écrire mais ton esprit dérive à nouveau par là-bas. Les moments de maladresse te font tiquer ; pour les autres, tu respires un peu plus vite.

Autre fête. Il danse, cette fois. Mais pas avec toi. Une blonde au visage rond, à la peau rose et fraîche. Saine, c'est le mot. Jeune.

Tu décides d'agir en adulte. Au rapport. Il se laisse convoquer dans la pièce où tu es censée écrire sans y parvenir. Pour entendre le discours par lequel tu lui annonces que c'est fini, quoi qu'il y ait pu avoir. Son regard est doux. Son sourire t'attire. Tu te rappelles pourquoi tu l'as embrassé sur la véranda. Vous ne vous touchez pas, rien ne laisse prévoir que tu… et là, tu te rends compte que tu n'es rien du tout.

Une accolade avant qu'il ne s'en aille. Sa joue est lisse. L'adieu se transforme en baiser, et soudain tu es collée au mur. Sexe habillé : le meilleur du lycée. Tu es dévêtue, enfin, et les peaux se touchent. Ensuite, il y a des murmures, des doigts qui tracent une ligne le long des membres, s'attardent dans le creux tendre du coude, sur l'arrondi du genou. La vie est belle. Ce n'est pas la tienne, évidemment, mais te voici à l'essayer, et pour l'instant elle te va.

Tu flottes, en souriant et en fredonnant tout bas, dans cette vie d'emprunt. Au réfectoire, vous restez deux étrangers.

Tu sais que tu ne devrais pas, mais tu frappes tout de même à sa porte. Il tarde à ouvrir. Il est flou dans ta vision. La fille au visage de lune est pelotonnée dans son fauteuil. Encore plus rose que d'habitude. Lui prêtera-t-il attention au dîner ? Ce sera le test.

Tu te corriges, pourtant : dans le fouillis de nombres étrangers qui définissent ce territoire réfractaire à toute loi, il n'y a pas de règles. La jalousie n'a pas lieu d'être. Un amour-propre blessé, peut-être. La nature humaine.

Tu as encore ça, au moins.

BRONWEN HRUSKA a écrit pour de nombreux journaux. Elle est l'auteur du roman Accelerated.

Marlon James

Traduit de l'anglais par Bernard Cohen

QUAND À LA FIN JE SERAI MORT, y a que les femmes qui doivent porter mon cercueil. Un léger, gris avec moulure dorée, mais fais gaffe qu'il reste sur le chariot, que les femmes elles aient juste à pousser, pas à porter, là. Tiens, je vais te dire comment te faire aimer d'une fille : appelle-la moche mais tu lui dis tout doux, pareil que le brandy sur la langue… Quoi, tu prétends que t'es un gars et t'as jamais connu le goût du brandy ? Dis-lui qu'elle est vilaine mais tout gentil, et puis tu lui dis aussi, c'est pas si mal que je sois aveugle, parce que tu sens joliment. Dis bien comme ça, tu sens joliment, pour qu'elle demande c'est quoi sentir joliment, ou elle va te haïr pour la vie. Lis des livres d'accord, mais deviens jamais un foutu avocat. Raconte pas à ta mère que j'ai dit foutu, même si t'es assez grand pour savoir comment ça cause un vrai homme – t'as déjà vu une touffe ? Surtout débrouille-toi pour embrasser la fille du voisin, comme ça ta mère elle croira pas que t'es pédé. Regarde pas la télé couleur, le Blanc il doit rester blanc, le regarde pas devenir rose. Apprends à préparer le aki, sinon la fille elle laisse le cœur dans le fruit et toi t'es empoisonné. Apprends à préparer la daurade, sinon la fille elle t'en cuisine une pourrie et toi t'es empoisonné. Apprends à préparer le crabe vivant, sinon la fille elle t'en cuisine un mort et toi t'es empoisonné. Apprends à laver ta chemise mais veille que la femme la repasse. Danse jamais le butterfly sauf si la femme à gros derrière est devant toi. Un gars, ça danse pas seul, sinon ça tourne pédé après. Quoi, t'as encore jamais embrassé une fille ? T'as tous ces poils qui te poussent partout et t'as encore jamais embrassé une fille ? Écoute-moi bien, si tu veux qu'une femme elle te supporte. Tu sors tôt de la maison, tu reviens tard mais tu laisses ton portefeuille sur la commode et surtout tu comptes pas dedans, jamais. Écoute-moi bien, si tu veux avoir l'épouse et la chérie dans la même rue : tu choisis une épouse riche et une chérie pauvre, elles parleront jamais de toi même si elles se causent tous les jours. Écoute-moi bien, si tu veux fabriquer un petit gars : fais-le un dimanche, un mardi, un jeudi, jamais un lundi sans ça t'auras une fille et elle deviendra une femme et elle te crachera dessus. Écoute-moi bien, c'est comme ça que tu dois porter ton pantalon, sinon tu vas tourner pédé. Parle pas à un homme qu'est pas d'ici, l'écoute pas, jamais, quand il veut te causer de livres. Cet homme-là c'est un makoumé et il essaie que toi aussi tu deviennes un makoumé. Et regarde ce qu'on leur fait aux makoumés ? Tiens, sens sous mon ongle, tu la sens l'odeur de pédé mort ? Va pas danser, mais si tu y vas, t'as intérêt à rencontrer une fille et à ce que ta mère elle le sache pas. Va à l'église une fois par mois, comme ça ta mère elle est contente. Va pas chez la femme du bout de la rue, c'est la chérie de tout le monde, mais si t'y vas, fais gaffe à te retirer avant l'alléluia sinon tu seras le papa d'un fils de pute. Mets jamais ces trucs en caoutchouc, c'est rien qu'un complot contre les Noirs. Regarde pas les films des Blancs, mais si t'en regardes alors prends ceux de Clint Eastwood ou John Wayne ou Lash LaRue. Comment ça tu connais pas Lash LaRue ? Et aussi, rapporte pas de reggae dans cette maison, tu risques de devenir rasta et ça c'est pire que de tourner makoumé, mais pas pire que devenir coolie. Ramène surtout pas une coolie, ça brisera le cœur de ta maman. Tiens, une fois, y avait un homme, un brave homme sauf qu'il était professeur d'anglais et qu'il avait rien qu'une seule femme. Et on m'a dit que cette femme-là elle avait dit à d'autres dames que les hommes qu'étaient comme son mari eh bien c'était les meilleurs, vu qu'ils ont pas des yeux pour une autre femme. Dis, tu serais pas un de ces gars qu'apprend l'anglais des fois ?

Né à la Jamaïque, Marlon James *est l'auteur de* John Crow's Devil *et* The Book of Night Women, *sélectionné pour le National Book Critics Circle Award.*

Bret Anthony Johnston

Traduit de l'anglais par Bernard Cohen

LA FEMME ASSISE AU BAR, à côté du rancher, ne cessait de se plaindre de son mari. Le rancher espérait que la nuit se terminerait au motel, un peu plus loin sur l'autoroute.

Le mari affectionnait les mocassins à pompons et collectionnait les pièces de monnaie. Il était à Dallas pour le week-end, participant à une conférence intitulée « Comment être un homme ». La femme a roulé des yeux. « Des cours d'arbalète et de morse, j'imagine », a-t-elle persiflé.

« Peut être un séminaire sur la construction de cabanes en rondins ? Et un autre sur les duels au sabre ? »

« En vérité, ils vont sans doute fumer des cigares et jouer du tambour en cercle. Je les imagine torse nu en train de réciter du Robert Bly. »

C'était une soirée moite, et les ventilateurs au plafond ne faisaient que baratter la chaleur. Le rancher a vidé sa bière, posé sur le comptoir de quoi payer toutes leurs consommations. Il a dit :

« Il y a le motel des Sapins tout près d'ici. Ils ont des chambres avec fenêtre. »

Elle a souri, pour la première fois de la soirée, et le rancher s'est soudain senti plus jeune qu'il ne l'était. Elle a demandé :

« Quoi, vous voulez présenter votre petite conférence à vous ? Me montrer ce que c'est, d'être un homme ?

— J'aimerais vous débarrasser de cette robe, j'admets. »

Elle a hoché la tête, et toute trace de sourire a disparu.

« C'est trop facile.

— Je vous demande pardon ?

— Vous n'êtes tous que des petits garçons avec des poils sur les jambes. Aussi naïfs que des chiots. »

Le rancher ne comprenait pas ce qui était allé de travers. Les mâchoires serrées, il a remis son chapeau sur la tête, il se sentait au pied du mur. Brusquement, le bar lui a paru trop enfumé. Il tentait de trouver un autre angle d'approche, quand elle a repris :

« Voilà ce que je propose : je vais batifoler avec vous, mais dès que vous glisserez dans un de vos rêves de cow-boy, je vous dépouille. J'emporte vos habits et vos bottes, je vous fauche votre portefeuille et votre caisse, et probablement quelques articles de toilette du motel aussi.

— C'est à peu près ce qui s'est passé lors de mon divorce.

— On a ce qu'on a.

— Et si je ne m'endors pas ?

— Alors, on remettra ça. Et vous finirez par sombrer. C'est toujours ce qui arrive, avec vous.

— J'aime bien tenter ma chance.

— Et si cette conférence pour petits mâles n'avait jamais existé ? Si mon mari était là, prêt à nous suivre ? Si on était ce genre de personnes ?

— Ça me paraît beaucoup de complications pour une paire de bottes éculées et une vieille Ford… »

La femme a souri de nouveau. Descendant de son tabouret, elle a passé la lanière de son sac à main sur l'épaule.

« Vous avez raison, mon mignon. Je suis soûle et flippée. Trouvons ce motel avant de devenir raisonnables. »

Elle n'avait l'air ni soûle, ni flippée, pourtant, et tout en la suivant à travers la salle, le rancher s'est demandé s'il n'était pas en train de commettre une erreur. Il aurait pu facilement s'esquiver, c'est sûr, mais ce n'était pas dans sa nature. Il irait jusqu'au bout de ce truc. Dans son pick-up, Waylon Jennings bêlait les grands principes de l'amour. Les cheveux de la femme flottaient dans le vent, la chaleur de la nuit poissait, et quand des phares sont apparus dans le rétroviseur, il s'est efforcé de ne pas s'inquiéter, ce n'était qu'un autre homme qui suivait sa voie dans l'obscurité.

Bret Anthony Johnston, qui dirige le département de création littéraire à Harvard, est l'auteur de Corpus Christi : Stories, *ainsi que du scénario du documentaire* Waiting for Lightning, *consacré au champion de skate-board Danny Way.*

Randall Kenan

Traduit de l'anglais par Bernard Cohen

ESMERELDA PARKER MCELWAINE avait baptisé son premier enfant, né en 1899, Tabitha Elsa, puis son fils, mon grand-père, venu au monde en 1901, Elihu Increase McElwaine, à contrecœur. On a fini par le surnommer Ox.

À quinze ans, le cadet mesurait déjà plus d'un mètre quatre-vingts et prendrait encore quinze centimètres avant d'atteindre sa majorité ; à son seizième anniversaire, il pesait dans les cent quinze kilos – pas une once de graisse – et il était si solidement bâti que son surnom, « le Bœuf », lui allait comme un gant. En dépit de son apparence imposante, l'adolescent se montrait remarquablement doux, silencieux, d'une timidité maladive, renfermé comme s'il avait honte de son allure de colosse. Aussi sérieux que son arrière-grand-père, aussi mystérieusement taiseux que son grand-père, et comme son père, il paraissait toujours considérer en lui-même quelque question essentielle qui le rendait perplexe, une énigme fondamentale à laquelle il chercherait une réponse complexe et réparatrice. Inquiet, malgré un calme étrange.

Parfois, il perdait le don de la parole des jours durant, et alors il oubliait les membres de sa famille, il allait s'asseoir sous le porche ou le marronnier, ou bien il partait dans les bois pour un jour ou plus, sans jamais expliquer ces absences. Bon gré mal gré, ses parents acceptaient ses bizarreries : après tout, se disaient-ils, il ne faisait de mal à personne.

Tout allait bien pour le jeune géant jusqu'à une fraîche soirée de septembre, au cours de sa dix-septième année. Elle était là, assise à côté de sa mère, la légendaire Clytemnestra Cross, venue rendre visite à ses proches. Psyche, tel était son prénom. Quatorze ans. Et demi. Son épaisse chevelure noire, bouclée et luisante dans les lumières de l'église, ses joues douces comme du caramel, ses lèvres aussi délicates qu'un fil d'araignée : la vision l'a ensorcelé à tel point qu'à la fin du dernier sermon, après que la dernière aumône a été collectée et la dernière hymne entonnée, après que les fidèles se sont attardés dans la travée pour bavarder un moment, il a essayé de lui parler, de la saluer, mais sa langue s'est collée à son palais et sa bouche est devenue aussi sèche qu'une grange à tabac. Pourtant, une fois privé de la délicieuse présence, Elihu McElwaine le taciturne s'est mis à parler de son apparition, de son séraphin, avec une telle énergie et en telle abondance que ses camarades l'ont supplié de fermer son caquet.

Clytemnestra Cross vivait à Asheville avec son mari et ses trois enfants, en ce temps-là, et ne revenait que rarement dans le comté de York, notamment à cause du scandale que son mariage avait causé. Cependant, Ox a pu obtenir des nouvelles de sa fille adorée par l'intermédiaire d'un cousin de celle-ci.

Plus d'un an après cette révélation à l'église baptiste, Ox McElwaine a pris la route sans en dire un mot à quiconque. Au début, personne ne s'en est soucié. N'avait-il pas coutume de disparaître ainsi de temps à autre ? Mais au bout d'une semaine, il est devenu clair que cette fois, c'était différent.

Deux mois plus tard, il revenait, avec sa fiancée de seize ans.

Peut-être son cœur ne s'était-il pas entièrement calcifié et, se remémorant les feux de la passion de sa propre jeunesse, pouvait-il encore vibrer au tonnerre de l'amour, car le père McElwaine a alors cité l'Évangile selon Luc – « Parce que mon fils que voici était mort, et il est vivant, il était perdu et il est retrouvé » – et accordé sa bénédiction à cette nouvelle union au sein du clan McElwaine.

Les années ont passé et Ox a donné l'impression de s'être enfin posé. Tous les récits décrivent un homme droit, fiable, aimable et équilibré, un homme abattant plus que sa part de travail à la ferme et ne rechignant jamais à aider autrui.

Il a eu trois enfants de Psyche. Et puis, un jour de 1933, alors qu'il cueillait le coton, il s'est soudain redressé, il a fait face à l'horizon, tout raide, le soleil brûlant ses yeux, et il s'est mis à marcher. Il n'a pas prêté attention aux voix derrière lui – « Hé, Ox, où tu vas comme ça ? », « Qu'est-ce qui te prend, Ox ? » –, il n'a pas jeté un seul regard par-dessus son épaule, ni ralenti le pas, jusqu'à avoir entièrement disparu.

On ne devait le revoir que trente-sept ans plus tard. Il est revenu comme il était parti, à pied, tel un mauvais présage. C'était en 1970. Il est entré dans la ville, il s'est rendu directement à la ferme familiale, a traversé l'arrière-cour et s'est arrêté dans le bois où il s'est construit une petite cabane pour lui tout seul. Et à tous ceux assez bêtes pour chercher à savoir où il était allé, ce qu'il avait fait pendant toutes ces années, le vieil homme répondait simplement : « Ça ne vous regarde fichtre pas. »

De temps en temps, lorsqu'elle était enfant, sa petite-fille Esmerelda allait le voir dans son refuge. Elle aimait ces heures passées avec lui sans que ni l'un ni l'autre ne disent un mot. Elle appréciait le silence, et le regarder fendre des bûches, tailler une branche avec son couteau, s'asseoir pour fumer sa pipe, écorcher un lapin et le mettre à cuire. Il le préparait avec des carottes et des oignons qu'il cultivait, ainsi que des herbes qu'il trouvait dans la forêt. Esmerelda disait que son lapin était très bon, jamais faisandé ou trop fort. Elle ne lui a pas demandé une seule fois où il était parti, ni pourquoi, ni quelle vie il avait eue, mais certains jours, d'après elle, en le regardant ronger les os de son lapin, elle croyait entrevoir une lueur particulière dans son regard.

Qu'est-ce que c'était ? Je lui posais toujours la question, curieux de savoir. Qu'est-ce que tu voyais ? Dans ses yeux ?

Et elle : L'ailleurs. Il l'avait ramené avec lui.

Randall Kenan est l'auteur de A Visitation of Spirits, Let the Dead Bury Their Dead *et, plus récemment,* The Fire This Time. *Il est maître de conférences en littérature à l'université de Caroline du Nord, à Chapel Hill.*

William Kittredge

Traduit de l'anglais par Nadine Gassie

LA NEIGE ÉTAIT TOMBÉE DE BONNE HEURE CET AUTOMNE. À la mi-décembre, lassée de mes infidélités, ma femme était partie pour la Californie avec les enfants. Moi, garçon perdu avec des ambitions, je vivais dans une cabane au bord de la rivière Williamson où je soignais des vaches taries en attendant de reprendre le cours de ma vie. Quand un beau jour Oscar, mon père, a débarqué avec Francis Reynolds, sa nouvelle épouse, et une Mercedes jaune.

Pendant que Francis attendait dans la Mercedes enrubannée d'un panache de fumée – mon père avait laissé le moteur tourner –, Oscar m'a demandé si j'avais quelque chose à boire. Bien sûr que j'avais ça, une bonne bouteille de Jack Daniel's. Puis il alla droit au but. « Qu'est-ce que tu vas faire de toi ? »

La question se justifiait. Nous venions de vendre nos terres d'élevage familiales. Même après le partage avec ma femme, j'avais encore assez d'argent devant moi pour un moment. Alors je lui ai dit ce que j'allais faire. J'allais m'essayer à une vie que j'avais imaginée. Depuis l'université, je voulais être écrivain. Maintenant, à trente-cinq ans, ayant fait fuir femme et enfants et disposant des fonds nécessaires, j'allais reprendre des études supérieures et voir ce que l'avenir me réservait. J'avais déjà reçu mon admission à l'université d'Oregon.

Oscar, éleveur vieillissant porté aux excès de prodigalité, me dévisagea comme si j'avais perdu la raison. « Ma foi, déclara-t-il enfin, j'ai passé ma vie à faire des trucs que je détestais et du diable si c'est une chose que je recommanderais. » Et le sort en fut jeté.

Nous n'en avons jamais plus reparlé. Après un deuxième verre, il a repris la route avec Francis et sa Mercedes, et moi je suis resté assis là à prendre conscience qu'il venait de me libérer de prison. Quels que soient mes projets, il les approuvait.

Dix-neuf ans plus tard, ayant à moitié accompli ma propre guérison et celle de mes relations avec mes enfants, quittant Phoenix où j'avais hiverné, j'ai pris la direction du nord et de la vallée de la Willamette où Oscar, âgé de quatre-vingt-neuf ans, déclinait doucement dans un établissement médicalisé haut de gamme à la périphérie rurale d'Eugene. Le lendemain matin, après m'être arrêté pour un bon dîner et une nuit dans un hôtel au bord de la Willamette, je suis allé le voir. Les infirmières l'avaient habillé : chemise en laine et pantalon, chaussettes et chaussons. Il m'attendait dans une petite pièce, endormi dans un fauteuil roulant quand je suis entré. Je l'ai réveillé en m'annonçant. « Oscar ? »

Il a sursauté. « Bill arrive », m'a-t-il dit. Puis avec un petit sourire : « Mais pour qui diable est-ce que je t'ai pris ? » Nous avons ri et bavardé pendant près d'une heure, jusqu'à ce que l'infirmière vienne le rechercher. De quoi avons-nous parlé ? Si seulement je le savais. Je lui ai dit que je repasserais le voir le lendemain matin. Mais je ne l'ai pas fait. J'ai appelé l'infirmière pour me décommander. Elle m'a dit qu'Oscar serait triste. Pas plus que ça, je me suis dit. J'ai pensé, C'est bon, il en a encore pour un moment. Je le verrai cet automne. Mais je ne l'ai pas revu. Et le lendemain matin, j'étais loin.

Une semaine plus tard, j'ai reçu un coup de téléphone matinal. Oscar était mort dans la nuit. Cette décision – d'aller passer le week-end à jouer au golf avec des amis en l'abandonnant dans cet établissement de soins –, je l'ai toujours regrettée depuis. Même sachant qu'Oscar ne m'aurait jamais jeté la pierre. J'ai appris à peser et soupeser les conséquences, pour éviter des erreurs irrévocables.

WILLIAM KITTREDGE est né dans l'Oregon en 1932. Il est l'auteur d'essais et d'ouvrages de fiction sur la vie dans l'Ouest américain. Ont paru en français son autobiographie La Porte du ciel *et le recueil de nouvelles* Cette histoire n'est pas la vôtre.

Nick Laird

Traduit de l'anglais par Bernard Cohen

IL N'Y A PAS DE TRUC LÀ-DEDANS, HAL.

En deux points, les univers se superposent. L'un d'eux est l'instant de la mort, quand l'homme dans l'œil se détourne ; l'autre est celui de la naissance, lorsque nos voix t'appellent depuis la pièce d'à côté.

Tu es peut-être resté là tout l'après-midi à regarder l'ombre glisser lentement le long du mur blanc, à attendre ton tour. En silence, tu récupères tes affaires, tu entres et tu découvres que la lourde porte ouvre sur le vide, tel le vantail d'un grenier à foin.

En tombant, tu te défais de tes vêtements, de ton nom, de toi-même.

La chute est si rapide et si longue qu'à ton arrivée tu es aussi propre et lisse qu'un pépin de pomme. En bas, il y a un lit et plusieurs mois de moiteur gyroscopique. Au sein de ta poche amniotique violacée, tu plies la tête pour atteindre ta queue, et ce battement étrange, c'est ton cœur, qui a déjà entamé le compte à rebours.

Un changement de température, l'éclat de la lumière, un coup de serviette et une claque : tu fais face au monde.

Être vivant n'est pas une mince surprise, et ce visage que tu vas faire grandir afin d'être reconnu est le tien, bien sûr, mais aussi autre chose. Tu vas regarder à travers lui comme quelqu'un qui se hisserait en haut d'un chêne à Tullyhogue et contemplerait le comté de Tyrone sur des lieues à la ronde.

Le lieu que j'ai quitté quand ils sont venus me chercher, je n'y retourne en visite que rarement. Une fois, sous l'effet de la psilocybine, quand les pétales des tulipes jaunes sur la table basse semblaient faire la moue et que j'ai éprouvé l'Infini d'Anaximandre, et aussi la semaine dernière, lorsque je suis tombé évanoui sur le parquet, parce que j'avais bondi trop vite en entendant ton hurlement. J'étais certain d'être parti quelque part, puisqu'il m'a fallu revenir, remonter à la brasse pour émerger de nouveau à la surface de mon visage étranger. J'en ai gardé le souvenir des sensations pendant des jours, imprécis, l'impression fragile d'avoir été nécessaire et réclamé là-bas.

Romancier et poète irlandais, Nick Laird *a publié entre autres les romans* Glover's Mistake *et* Utterly Monkey.

Elinor Lipman

Traduit de l'anglais par Françoise du Sorbier

MES PÈRES ONT FIXÉ UNE DATE BUTOIR : d'ici quinze jours, il fallait que j'aie écrit tous les messages de remerciement. Je n'ai pas dit : « Et si je ne le fais pas… » parce que ce n'est pas mon style. Hors de question. Alors on s'est mis d'accord : j'en écrirais un après le petit déjeuner et deux après le dîner. Il ne m'en resterait plus qu'un, destiné au pire blaireau de la classe, qui m'appelle « Le Plouc » parce que j'ai eu la bêtise de lui dire que notre donneuse d'ovocytes venait de l'Arkansas. Je doute qu'il ait eu très envie de venir à ma bar-mitsva, mais ici, c'est New York. Ses parents, très *Yvy League*, ont dû lui dire : « Tu ne peux pas ne pas y aller. Tu passerais pour un homophobe. »

Je ne suis pas le seul enfant du lycée, ni même de ma promotion, à avoir deux parents du même sexe. Comme je l'ai dit, on est à New York. Je fais comme si ça n'était pas une affaire, comme si j'étais complètement à l'aise avec cette situation.

Ce qui était le cas quand j'étais plus jeune et ne savais pas comment tournait le monde. Mais mes pères aiment bien être à la une, et je ne fais pas ici allusion à Facebook. Je parle du *New York Times*, qui a publié sur nous des articles dans sa rubrique « Histoires vécues ». D'abord, il y a eu le reportage photo sur mon adoption officielle par Pops – Papa est mon père biologique. Et quand ils se sont mariés l'an dernier, j'ai été leur garçon d'honneur à tous les deux, si bien qu'on y a encore eu droit. J'attire les objectifs parce que j'ai ce que Pops appelle « une gueule de gosse du bitume ». « Un môme qu'on n'a jamais habillé en culottes tyroliennes », aime dire Papa. « Pas le style petit lord Fauntleroy », ajoute l'un de mes deux grands-pères, qui m'entraînent au base-ball depuis que je sais marcher.

Bien évidemment, il a fallu qu'on devienne membres de la synagogue de Brooklyn, où le rabbin est une femme, et lesbienne. Passe encore. Mais tous mes copains continuent à me demander : « Comment ça se fait que vous n'allez pas au temple Emmanu-El ? C'est à deux minutes de chez vous ! » Je pourrais mentir et répondre : « Par tradition. C'est là que mes grands-parents se sont mariés », ou je pourrais dire la vérité : « Pourquoi cette synagogue-là ? Surprise, surprise. Elle est ouverte aux gays. Et elle est à Park Slope, le quartier général lesbien. »

Il me reste donc un message à écrire. Je n'ai

pas à faire semblant de m'extasier sur un cadeau pourri, parce que les gosses de ma classe se sont cotisés pour m'offrir un joli chèque-cadeau chez Apple, et j'ai trouvé ça vraiment cool. Papa a pensé que je devrais faire des réponses personnalisées, avec des allusions au destinataire, à la fête ou à la classe, plutôt que d'envoyer la même lettre à tout le monde, style message standard.

« Je ne peux pas juste envoyer un e-mail ? » je demande.

Ils se regardent. L'un finit par m'interroger : « C'est quoi, le vrai problème, Jake ? Tu te débrouilles très bien. Encore une lettre et ça sera bon. »

Je leur dis la vérité. Ce n'est pas comme si c'était une affaire, ou la fin du monde. C'est même banal à pleurer : « Lui, c'est le pire.

— Le pire quoi ? demandent-ils.

— Vous savez bien », je marmonne.

Pops complète sur le ton du constat : « Homophobe. »

Papa demande – comme d'habitude, et il y a des fois où ça me fait rire : « Tu veux qu'on aille lui casser la gueule ? Ou à son père ? Parce que ça, je peux le faire d'une seule main. »

Pops et lui se marrent, seulement cette fois-ci, moi pas. Il demande comment s'appelle ce petit morveux. Je réponds : « Wyatt. »

Pops propose à Papa : « Et si on écrivait, *nous* ?

— Non ! je proteste. Vous voulez que je me fasse massacrer ?

— Si tu recevais un message du père de quelqu'un, souligne Pops est-ce que tu n'aurais pas l'impression de t'être bien fait remettre à ta place ? »

Peut-être, mais l'idée ne me plaisait quand même pas du tout. Je leur ai demandé ce qu'ils diraient, sans pour autant donner l'impression que j'étais d'accord.

Pops a répondu : « Je crois que Papa et moi, on l'a imaginé dès la minute où tu es né, ce message. »

Je passe le stylo et la carte. Papa écrit, écrit ; il couvre un côté, puis continue au dos. Je n'arrive pas à lever les yeux quand il lit tout haut, mais j'entends :

« Wyatt, Merci d'être venu à la bar-mitsva de Jake. Il s'achète un iPad avec le généreux chèque-cadeau. Pour passer à un autre sujet, j'aimerais que tu réfléchisses à ceci : un jour, qui arrivera plus vite que tu ne penses, tu seras un adulte et sans doute un papa. Il serait dommage qu'en repensant à ce que tu es aujourd'hui, tu te dises : "Je regrette d'avoir blessé untel, parce que maintenant que je suis père, j'ai honte en pensant à la peine que j'ai pu infliger." Bien à toi, David et Alan, les parents de Jake. »

Ils ont l'air ravis. Leur grand combat, c'est moi. Je ne peux pas leur dire de ne pas envoyer cette carte parce que sinon, c'est moi qui le paierai. Je mets un timbre et, en route pour l'enfer, je la poste.

Elinor Lipman est l'auteur de dix romans, d'un recueil de nouvelles et de I Can't Complain : (All Too) Personal Essays.

Vanessa Manko

Traduit de l'anglais par Bernard Cohen

ÇA SE FAIT AVEC LE CORPS, pas avec l'esprit : quand vous vous mettez à bouger, elle doit le sentir tout de suite, et si elle se lance dans la mauvaise direction, c'est que vous vous y êtes mal pris. Donc, votre tâche est de la guider. C'est votre rôle. Si vous vous montrez précis et ferme, il n'y aura pas de place pour la confusion ou l'hésitation. Il faut aborder la chose avec volonté, et alors elle vous captera, et elle vous suivra. Seulement, il est exclu de regarder. Regarder, c'est rompre le contrat, renoncer aux règles et aux paramètres convenus. Non, il faut que suivre l'intuition. Des fois, ça coule, simplement. Pas de plans. Rien. Rien que de l'aisance. D'autres fois, il y a une résistance ; alors, il vous faudra faire plus d'efforts, en tant qu'homme, pour maintenir le cap. Et vous devez être clair, choisir la gauche ou la droite avec résolution. Et il vaut mieux ne pas parler. Quelques mots échangés, éventuellement, mais pas plus.

Vous n'êtes pas vraiment là pour vous lier d'amitié. Vous devez être concentré, mais pas trop : autrement, votre corps ne fonctionnera pas de la façon que vous aimeriez. Si vous réfléchissez trop, elle le percevra et perdra confiance en vos capacités.

Une fois, j'ai adressé le fameux signe de tête à une femme. Elle m'a compris et s'est levée. Nous avons commencé presque sur-le-champ. Tout marchait bien. Pas de nœuds ou d'agencements embrouillés. Pas de faux départs, ni de trébuchements, ni d'intentions mal interprétées. On a continué comme ça un moment. Plusieurs fois de suite. Tout roulait jusqu'à ce que, brusquement, sans signe avant-coureur, elle se détache de moi et me dise « Merci », un merci enjoué et accompagné d'un sourire poli, charmant, qui selon moi ne correspondait pas à la véritable signification de ce remerciement : une fin, la fin pure et simple, et moi obligé de la regarder faire avec d'autres hommes, puis s'en aller pour toujours. Par la suite, j'ai appris par une amie à elle qu'elle n'était pas du tout une habituée de la chose, qu'elle n'avait pas encore appris les codes, et notamment que « merci » est habituellement considéré comme une rebuffade épouvantable, presque une façon de décliner votre invitation. Mais bon, c'est comme ça. Dans la vie, on planifie et on planifie, alors qu'avec le tango, on ne peut jamais savoir.

VANESSA MANKO *a été danseuse du ballet de Charleston, et elle a tenu la rubrique « Danse » au magazine culturel* The Brooklyn Rail. *Ses textes ont été publiés dans la revue* Granta.

Ayana Mathis

Traduit de l'anglais par Bernard Cohen

AU *BONNE NUIT*, les clients n'étaient pas censés boire. Il y en avait bien qui commandaient des mai-tais sans alcool, mais la plupart arrivaient déjà faits, si vous voyez ce que je veux dire. D'autres apportaient leur carburant avec eux, et les videurs faisaient semblant de ne pas le voir, mais dites-moi un peu, comment on peut rater une fiasque en inox qui dépasse à moitié d'une poche arrière ? Je parle d'un type en particulier, qui à chaque fois se collait à l'estrade, hébété par l'alcool, pendant que j'exécutais mon numéro. Il ne donnait jamais de pourboire, s'endormait régulièrement pendant les pauses. Il ne parlait pas beaucoup, non plus, en tout cas jusqu'au soir où les videurs l'ont traîné dehors et qu'il s'est mis à beugler, brandissant sa fiasque : « Babylone peut pas m'abattre ! J'ai moi, j'ai toujours moi ! » Pourquoi ils continuaient à le laisser entrer, ça reste un mystère pour moi. Un soir, je l'ai croisé sur Royal Street, un bonnet en laine enfoncé sur les oreilles. J'ai voulu passer mon chemin, mais il avait l'œil vif pour un poivrot. Il m'a raconté une histoire de mecs qui avaient volé une voiture, dedans il y avait une femme et un bébé, et au lieu de les laisser partir – j'imagine qu'ils ont flippé, ou qu'ils étaient pétés, ou Dieu sait quoi –, ils ont flingué la dame, et l'enfant aussi. « Dans quel genre de monde… ? » a dit le soûlard, et j'ai répondu que c'était en effet une question raisonnable. Maintenant, je regrette de ne pas avoir trouvé une meilleure réponse mais à la vérité, il faisait un froid du diable et je n'avais aucune envie de parler de quelque chose d'aussi aberrant que de flinguer un bébé, je voulais rentrer à la maison. Mais le type, l'habitué du *Bonne nuit*, a répété et répété : « Ils ont buté ce p'tit marmot », il semblait tellement tourmenté par ça que je me suis demandé si c'était pas lui qui l'avait fait, ou bien s'il n'était pas le père de ce bébé. « Comment je peux continuer à respirer l'air de ce monde affreux ? » il a dit, et il oscillait sur ses talons. La fameuse fiasque luisait sous le lampadaire. J'ai remarqué que le bouchon tenait mal et j'ai failli le lui dire, mais je ne voulais pas prolonger cette conversation et puis j'ai aussi pensé – ce qui est stupide, je sais – que si le bouchon finissait par tomber, il serait obligé de jeter la fiasque et peut-être arrêterait-il de boire. Il avait de jolis yeux, d'une sorte de gris-bleu. Et là, il a dit : « Est-ce que je devrais chercher vengeance ? », et moi :

« Pour qui ? », et lui : « Le bébé, bien sûr ! » J'ai répondu qu'il n'était plus là, cet enfant, et que la vengeance ne le ramènerait pas. Je sentais le froid m'envelopper, s'agripper à mes chevilles. Je crois que le brouillard commençait à monter du fleuve, et il n'y a rien qui vous fasse sentir plus seul que le brouillard qui se répand, dans une nuit glaciale et humide, à un coin de rue. Il a dit : « Je suis convaincu que si je le vengeais, Dieu serait avec moi, dans le canon de mon arme. » La naïveté et moi, ça fait deux. Je sortais de sept heures de boulot au *Bonne nuit* et on rencontre vraiment de drôles d'oiseaux là-bas, mais je peux vous dire que ce type était… Eh bien, je me suis dit qu'il avait peut-être entendu cette histoire il y a très longtemps, et qu'elle n'avait cessé de lui trotter dans la tête pendant des années, et peut-être qu'il avait essayé de comprendre le pourquoi et le comment, et que c'était pour ça qu'il échouait là, près de s'affaler sur le trottoir au carrefour de Royal Street et de Canal Street, avec ces relents d'alcool qui lui sortaient par tous les pores. Il devait avoir eu un grand cœur, pour que ça le mine à ce point. Si j'avais un homme comme ça, un homme capable de ressentir quelque chose si fortement que ça le transforme… Je veux dire : et si je n'avais pas rencontré ce type au *Bonne nuit*, parce qu'il ne fréquentait pas ce type d'endroit, parce que je n'y travaillais pas – et si c'était quelqu'un de réglo ? Alors, ce serait un homme bien. Mais bien sûr, il n'était pas ce genre d'homme, et il se faisait tard, alors je lui ai donné une cigarette et cinq dollars, et je suis rentrée chez moi.

AYANA MATHIS est l'auteur des Douze Tribus d'Hattie. *Elle a vu son roman être récemment sélectionné pour l'émission littéraire d'Oprah Winfrey.*

Colum McCann

Traduit de l'anglais par Jean-Luc Piningre

SOYEZ DES HOMMES, MERDE ! Rendez-moi la petite. C'est tout ce que je demande. Je m'assois là tous les jours, à regarder dehors. J'ai la véranda et ma chaise en fer. Je bois un peu, mais je ne me soûle pas. Je n'aime pas ça. Je reste là à remonter le temps. Ça fait une trotte. Je les ai vus porter le cercueil à l'église. Le saxo a joué jusqu'au bout de Tupelo Street, ensuite ils ont tourné dans Burgundy. Je n'ai pas voulu de leur drapeau plié. Ni de la sonnerie aux morts. Je ne dis pas que je suis la meilleure, mais je ne suis pas la pire. C'était ma petite. Mon sang et mes paupières. Quand je lui donnais des bains, elle s'asseyait dans le petit fond d'eau, et je lui frottais le dos. Tatie, qu'elle disait. Toute gamine et du savon dans l'œil. Je lui faisais des nattes. Arrête de tirer, qu'elle disait. Sa grande gueule de petite garce, des fois. Écoute ce que je te dis, je lui disais. Non, elle répondait. À treize ans, elle grimpait aux arbres. Quatorze, elle courait avec les garçons. Quinze, elle conduisait une voiture. Le jour de l'ouragan, elle a volé une machine à pop-corn. Une machine à pop-corn ! Il ne restait rien d'autre sur les rayons. S'en est jamais servie, même pas une fois. Le truc est resté sur le comptoir de la cuisine. Putain, ce que je m'emmerde, elle disait. À dix-huit ans, elle est partie. A envoyé des lettres. Fort Hood. Kandahar. Elle a réagi en homme. Voilà ce qu'elle a fait. Nettoyé son fusil. Ciré ses bottes. Marché dans la nuit criblée d'étoiles. Une mine terrestre, c'était. La gosse a traversé le pare-brise. Soi-disant blindés, leurs pare-brise de merde. Elle se retrouve au milieu de nulle part. En tombant, elle a glissé dans la poussière. Comme une grande gifle du ciel qui l'aplatit par terre. Abandonnée là. Le volant à côté d'elle, noir et rond. Des bouts de pneu. Du métal tordu. Un soleil jaune qui tape dur. Sa jambe était déjà foutue. Les autres, morts autour d'elle. Je ferais mieux de crever vite fait, moi aussi. Elle entend un moteur. Pourvu que ce soit un hélico, une piqûre de morphine. Cette ombre, c'est peut-être un brancard. Cette plainte, là, une guitare ? Mais il n'y a pas de fleurs dans la poussière. Elle ne reconnaît pas ces bottes-là. Ils se dressent au-dessus d'elle, leurs fusils braqués. Elle les fixe du regard. Tuez-moi, elle leur dit. Non, ils la prennent chacun son tour. Virils, les mecs.

Un jour dans Royal Street, j'ai vu une gagneuse dans un break, avec le panneau au-dessus qui indiquait 10 DOLLARS. La file d'attente allait jusqu'au coin de Montegut St. La fille avait les cuisses ouvertes à l'arrière. Je suppose qu'ils se comportaient en hommes, ceux-là, encore.

On parle d'*inondations*, mais ils devraient appeler ça autrement – la mémoire, peut-être. Le sergent est venu frapper à ma porte. Il a monté les marches, au-dessus de la marque des hautes eaux. Ma'am, il disait. D'instinct, j'avais compris. Il s'assoit là. Ma'am ci, Ma'am ça, Ma'am je sais plus quoi. Il dit : ça vous embête si on éteint la télévision ? M'est égal, je lui réponds. J'éteins. On reste assis. C'est tout ce qu'on fait. Il regarde la photo. La petite nage comme un dauphin dans mes yeux. Votre nièce a fait ci. Votre nièce a fait ça. Je le regarde sans répondre. Je l'écoute depuis le fond de la mer. J'ai filé à la cuisine, traînant mes pantoufles sur le sol sec. J'ai branché la machine à pop-corn. J'ai pressé le bouton. *Pop-pop-pop*, il fait, le maïs. J'attends. Il devient tout blanc, tout mousseux. Il continue de parler, le sergent, mais je suis dans la cuisine et j'écoute : *pop-pop-pop*. Vous m'entendez, Ma'am, il dit, vous m'entendez ? Oui, je lui dis, oui. Et je pense, homme ou femme, c'est pareil, vous sautez sur une mine, vous retombez pas entier.

COLUM MCCANN *est l'auteur de* Et que le vaste monde poursuive sa course folle, *lauréat du National Book Award. Son dernier roman s'intitule* Transatlantic.

Ian McEwan

Traduit de l'anglais par France Camus-Pichon

« NE TE RETOURNE PAS, dit son épouse. Ne me quitte pas des yeux. Je te préviens. Regarde-moi. Regarde-moi ! »

Lorsque Sebastian, lentement, tourne enfin la tête vers elle, leurs yeux se croisent. Les siens sont écarquillés, pleins de frayeur, d'un noir bleuâtre, avec un cerne couleur aubergine en forme de croissant sur sa jeune peau pâle.

« On est au huitième étage, reprend-elle. À plus de trente mètres de haut. Si tu sautes, tu meurs ! »

Comment pourrait-il l'ignorer ? Essaie-t-elle de le provoquer ? Il est debout sur une corniche, elle sur le toit, bien à l'abri derrière un garde-fou, un muret protecteur.

La corniche fait moins de vingt centimètres de large, l'obligeant à garder les pieds en canard. Plus bas, à sa droite, la fenêtre qu'il a escaladée dix minutes plus tôt. S'encadrant dans cette fenêtre d'où dépasse la masse de boucles noires qu'elle se refuse à couper, la femme avec laquelle il faisait l'amour vingt minutes plus tôt. Elle a la tête à la hauteur des genoux de Sebastian. Il se sent incapable de baisser les yeux vers elle.

Sur le toit, son épouse l'observe à l'autre bout de l'hypoténuse formée par l'angle de l'immeuble. Cet axe de vision est une abstraction géométrique suspendue dans l'espace au-dessus du parking goudronné, loin en contrebas. Alors que lui-même est une chose vivante, une entité vibrante, un sac de sang, un raté.

Comment a-t-il pu faire de sa vie pareil gâchis, manifester pareille créativité ? Le chaos règne dans son existence, et il commence seulement à prendre conscience d'un nouveau développement : il n'a pas le courage de mourir.

Voici les faits : Jasmine, son épouse, est atteinte d'une affection chronique et invalidante, et prétend ne pas pouvoir vivre sans lui. Maria, sa maîtresse, est enceinte de huit mois – de lui. Le mari de celle-ci, Tony le plombier, malgré son intelligence bornée, soupçonne l'existence de cette liaison. Deux jours auparavant, Sebastian s'est fait virer de son emploi de guichetier à la gare après une dispute avec un client. Son compte bancaire est dans le rouge. Son épouse n'a d'autre source de revenus qu'une allocation d'adulte handicapé. Maria non plus ne possède rien.

Il ne peut laisser les choses en l'état. Il ne peut se le permettre. Son envie soudaine de vivre lui fait redouter la perspective de mourir, et voir son épouse sur le toit dès qu'il lève les yeux n'arrange rien.

D'un seul regard furieux, elle pourrait lui faire perdre l'équilibre ; d'une seule insulte, le précipiter dans le vide.

Elle découvre pour la première fois la femme qu'il aime. Tout en insistant pour qu'il ne la quitte pas des yeux, elle-même jette sans cesse des coups d'œil obliques vers celle qui a brisé son mariage. Elle voit une tête bouclée dans un cadre de métal à la peinture écaillée. Comme un portrait du musée d'Art moderne.

À moins qu'elle ne se doute de rien. Qu'elle le croie suicidaire à cause de son licenciement.

Elle doit pourtant se demander comment il en est venu à escalader la fenêtre de cette femme.

Il est sorti par là quand il a entendu frapper à la porte d'entrée. Il a pensé que le mari de Maria rentrait du travail en avance sans sa clé. Tony le plombier allait lui défoncer le crâne à coups de pinces.

Mais ce n'était qu'un type venu relever le compteur électrique.

Maintenant Sebastian est sur la corniche, il a perdu ses moyens et se voit mal se baisser pour réintégrer l'appartement par la fenêtre de la salle de bains. Une voisine bien intentionnée a dû l'apercevoir debout sur cette corniche et appeler son épouse au troisième étage.

Jasmine souffre en permanence de douleurs lombaires et d'une forme rare d'arthrite du genou, au point que le sexe, dans quelque position que ce soit, est un calvaire pour elle. Et bien qu'elle soit jolie, la souffrance a fait d'elle une mégère. Elle a sept ans de plus que lui, ils sont mariés depuis deux ans. Elle lui parle comme à un enfant, le mène à la baguette, se plaint de lui avec une amertume qui le démoralise et engendre chez lui un profond sentiment de culpabilité.

Depuis six mois, il rêvait de s'enfuir.

Il avait ouvert un compte bancaire en secret et mettait de côté quinze livres par semaine. Il avait dans l'idée d'économiser afin de s'offrir un billet d'avion – pour les États-Unis ou l'Australie – et de disposer de cinq cents livres en liquide. Il comptait laisser tous ses biens à Jasmine – son appartement, sa voiture pour qu'elle la revende, et une lettre lui expliquant qu'ils ne réussiraient jamais à être heureux ensemble.

Et il aurait disparu à tout jamais.

Puis il a fait la connaissance de Maria qui habite au huitième étage, elle s'est retrouvée enceinte et il a dû lui donner tout l'argent épargné secrètement. D'où un sentiment de culpabilité accru envers son épouse.

Le voilà maintenant à trente mètres de hauteur et, pour clarifier encore les choses, la tête de Maria vient d'être remplacée par celle de Tony.

Le plombier est bel et bien rentré du travail. Il

referme sa main puissante sur la cheville de Sebastian et secoue pour le faire tomber de la corniche.

Que faire ? Sebastian voit le parking en contrebas. Toutes ces Skoda ! Sous sa chaussure, un bloc de pierre se détache. Trois secondes plus tard, il l'entend atterrir sur le sol. Maria hurle, suppliant Tony d'avoir pitié. Que faire ? Il croit savoir…

Je vais appeler mon éditeur.

Le téléphone est dans sa poche, le numéro dans le répertoire.

« Oui ?

— Je suis dans le pétrin, Frank. Je n'ai écrit que deux pages, je suis à trente mètres du sol, et j'ai déjà cinq personnages dont un second rôle chargé de relever les compteurs, plus un licenciement, une lombalgie chronique, un adultère, une épouse furieuse, une corniche en train de s'effriter sous le héros qui risque une chute mortelle, un plombier avec des envies de meurtre et une paire de pinces. C'est trop pour moi, ça me donne le vertige. Je ne peux pas continuer.

— Il faut continuer.

— Mais c'est un cas désespéré, Frank, un mélo sans intérêt. Tout le monde va me trouver nul. Je suis en train de me planter, de plonger…

— Il faut absolument continuer.

— Tu ne comprends pas. C'est raté d'avance. Un morceau de bravoure ridicule. J'ai visé trop haut. Trente mètres ! Je ne peux pas…

— Il faut continuer. Montre que tu es un homme, Sebastian.

— C'est impossible, Frank... Je... Non... D'accord, je continue. »

---

*Ian McEwan est né à Aldershot, en Angleterre, en 1948. Il est l'auteur, entre autres, d'*Expiation, *d'*Amsterdam *– lauréat du Man Booker Prize – et, plus récemment, d'*Opération Sweet Tooth.

Patrick McGrath

Traduit de l'anglais par Jocelyn Dupont

BORIS ROSCOE ARRIVA À LA PRISON DE RIKERS ISLAND pour payer la caution de sa mère. À l'époque, elle habitait au cinquième étage d'un petit immeuble sans ascenseur entre la Bowery et la Deuxième Avenue. Il y avait des mois qu'elle n'avait pas terminé un tableau. Elle avait cinquante-sept ans. Depuis le jour où le père de Boris l'avait mise à la porte, la vie n'avait pas été tendre avec elle. Mais Boris, sa mère et sa sœur Willy, qui vivait à Ibiza, s'étaient toujours serré les coudes, bien qu'assez irrégulièrement. Peu comprenaient la nature du lien étrange qui les unissait. Eux-mêmes n'en étaient pas bien sûrs.

Quand il l'aperçut dans le bureau des sorties, elle portait un bandana avec des motifs en patte d'oie, on aurait dit un uniforme de prisonnier d'un autre âge. Un genre de blague, pensa-t-il. L'humeur, toutefois, n'était pas à la plaisanterie. L'intrépide et indomptable Joan Roscoe, *Joan la terreur,* avait souffert à Rikers Island ; elle paraissait plus faible que Boris aurait jamais pu l'imaginer.

« Oh, maman », lâcha-t-il.

Il la fit monter dans un taxi pour regagner la Bowery. Une fois dans l'appartement, il prit conscience en la regardant de la pression brûlante qui s'accumulait derrière ses yeux. Boris Roscoe était un émotif. Il avait toujours eu du mal à dissimuler ses sentiments, et s'était trouvé à deux doigts de faire un scandale au bureau des sorties de la prison. La faute à la fatigue, en partie. Voir cette femme forte et volontaire qu'il avait crainte et admirée toute sa vie ainsi rabaissée, bafouée par ces abrutis du système pénitentiaire de la ville de New York, il ne le supportait pas – des larmes de rage et de pitié lui montaient aux yeux.

« Boris, pour l'amour de Dieu, tu ne vas pas te mettre à *chialer*. »

Elle lui toucha le visage, les sourcils froncés. Puis elle se dirigea vers un tourne-disques posé sur une planche soutenue par deux briques et abaissa la tête de lecture sur un vinyle qui semblait avoir passé un mois entier sur la platine, à attendre d'être joué. Du Prokoviev, une de ses sonates les plus hantées, celle inspirée par la bise soufflant entre les tombes d'un cimetière. Le disque était légèrement rayé, mais peu importait. Joan était assise en face de Boris, la tête entre les mains. À un moment, elle tendit le bras vers son fils sans lever les yeux, effleura sa joue humide.

Sur la table, entre eux, une bouteille de vin. Elle commença à parler, en imputant une partie de ses malheurs à un type du nom de Baranksi, mais il était clair que ce n'était pas lui, le fond du problème. Non, c'était son travail ; elle n'avait plus aucune confiance en elle. Voilà comment tout avait commencé.

Elle restait assise et hochait la tête.

Un petit canevas carré, découpé dans de la toile à voile, était agrafé au mur. On pouvait y voir une esquisse du Chrysler Building, qu'on apercevait depuis les fenêtres au nord de l'appartement.

« Pourquoi ne pas simplement s'y mettre et… »

Boris se leva et commença à mimer le peintre en action à grand renfort de gestes. Grand, jeune et en surpoids, il était enveloppé dans un large poncho, pieds nus dans ses sandales de cuir. Il faisait encore un froid de canard à New York, et il serrait son verre de vin à travers ses mitaines en laine, espérant que cela l'empêcherait de s'endormir. Il y avait presque quelque chose d'héroïque à se retrouver là, dans cet appartement glacial, après avoir accompli un voyage de trois jours sans pouvoir fermer l'œil, et avoir réussi – non sans mal – à faire sortir sa mère de prison. Quant à ce qui l'avait amenée derrière les barreaux, il s'agissait apparemment d'une agression dans un bar, sur un policier qui n'était pas en service ; il n'en savait pas plus.

Elle continuait de parler, tenant des propos

décousus, en jouant avec son verre sur la table. Puis elle tourna la tête et regarda par la fenêtre. Le Chrysler Building se dressait dans la nuit, telle une dague rutilante. Les violons possédés pleuraient et craquaient sans retenue.

« Écoute, j'arrive pas à m'y mettre, c'est comme ça.

— Mais si tu peux y arriver !

— Ne joue pas au plus malin avec moi, Boris. »

Ils restèrent assis, silencieux. Boris aperçut la première griffe de l'aube à l'est. Puis il lui fit part de la suggestion de sa sœur Willy, et observa l'intérêt soudain qu'elle suscitait en elle. Il lui expliqua que l'île où vivait Willy offrait de longues et belles journées ensoleillées, qu'elle pourrait respirer là-bas, et mieux encore, travailler. Ses toiles, lui dit-il, retrouveraient leur lumière.

« C'est vraiment ce que tu penses, hein ?

— Oui, m'man, vraiment.

— J'vais pas aller m'enterrer dans un putain de couvent…

— Mais *ta gueule* », lâcha Boris.

Pour la première fois de sa vie, elle obéit. Il lui expliqua qu'il n'était pas question de l'envoyer au couvent mais…

« Tu dis juste ça pour…

— Bon, t'as qu'à venir au bord de la Méditerranée avec moi. »

Alors elle se mit à écouter. C'était le mot « Méditerranée ». Pour elle, il était synonyme de lumière.

Elle reprit une gorgée de vin et passa sa langue sur ses dents.

« Boris, tu as de l'argent ?

— Je te trouverai l'argent, m'man. »

C'était d'accord.

Romancier britannique, PATRICK MCGRATH *est l'auteur de* Spider, *de* L'Asile. *Son dernier roman,* Constance, *vient de paraître.*

Jon McGregor

Traduit de l'anglais par M. A.

ON A SU QUE ÇA APPROCHAIT quand ils nous ont demandé si on avait réfléchi à la manière de dire au revoir.

Il y avait eu des séminaires. Des intervenants étaient venus et avaient partagé leur expérience. Certains s'étaient effondrés en parlant ; ils s'agrippaient au lutrin. Les militaires, en général. Les scientifiques et les autres semblaient avoir une plus grande maîtrise de soi. Un certain détachement. Ils passaient beaucoup plus de temps à parler de ce qu'ils avaient fait que de leurs difficultés à s'adapter. Mais ce schéma ne tenait pas toujours.

Le pire, c'était ce type qui avait essayé de faire le tour du monde à monocycle. Comme on lui avait volé sa roue au Kazakhstan, il lui avait fallu plus de temps pour sortir du pays que ce qu'il avait prévu pour le voyage entier. Il passait ses journées à faire ces séminaires intitulés : L'échec peut vous ouvrir les portes de la réussite ; mais ça n'avait pas l'air de marcher. Quand il est arrivé à la partie sur le maintien des contacts avec les proches restés à la maison, il a passé une diapo de sa femme et de ses enfants, il s'est retourné pour la regarder et il a carrément arrêté de parler. Ses épaules tremblaient et il a tendu la main pour demander un instant. L'instant a vraiment duré un long moment. Sa femme était rudement belle et ses gosses avaient l'air de péter le feu, et la question à laquelle on pensait, pour certains d'entre nous, en attendant qu'il retrouve son calme, c'était : Pourquoi aller faire le tour du monde à monocycle si vous aviez une famille comme celle-là ? Ce qu'on a vu ensuite, c'était qu'il rassemblait ses papiers, débranchait son ordinateur portable et s'avançait à grandes enjambées vers la porte. Les haut-parleurs ont fait ce bourdonnement vraiment terrible après qu'il a eu débranché son ordinateur. Il a dû revenir chercher la selle de son monocycle, qu'il avait apportée comme support visuel.

Un sergent-chef qui avait servi en Irak nous a raconté comment les plus jeunes soldats étaient devenus accros à leur Smartphone et à leurs appels vidéo vers la fin de leur mission là-bas. Il a expliqué que la tradition, c'était d'attendre les lettres et les colis qui arrivaient régulièrement, de faire la queue à la cabine téléphonique une fois par mois, mais surtout de concentrer son attention sur le travail en cours et sur ses collègues de la base. Il a dit que le problème, du fait des possibilités de connexion accrues, c'était que leur vie à la maison, les plus jeunes soldats ne la laissaient jamais vraiment à la maison. Cela constituait une diversion, et une diversion dangereuse. Mieux vaut laisser la maison derrière soi, comme ça, quand vous rentrerez, vous serez tous contents de vous revoir. La deuxième chose que je fais, quand je retrouve ma femme, c'est d'enlever mon sac à dos, il a dit, et il a eu l'air surpris qu'on n'explose pas de rire.

Visiblement, personne ne lui avait expliqué la nature de notre mission.

De ce côté-là, les séminaires étaient un peu inutiles. Aucun de ces intervenants n'avait idée de quoi que ce soit. Certains étaient restés loin de leur famille des mois entiers pendant que des gens mouraient subitement tous les jours et que tout ce qu'ils mangeaient avait un goût de sable. D'autres avaient fait le tour du monde à la rame, mangé et dormi dans un caisson pas plus grand qu'un cercueil, sans parler à personne durant plusieurs semaines d'affilée. D'autres avaient vécu dans des cabanes de la péninsule antarctique pendant que le soleil restait des mois sous l'horizon et que la neige s'accumulait sur le toit. Mais tous, comme le prouvait le fait qu'ils se tenaient devant nous dans cette salle de séminaire, tous étaient revenus. Tous avaient prévu de revenir. Alors qu'est-ce qu'ils pouvaient bien nous dire ?

Il a été précisé que les contacts audio et vidéo seraient considérablement restreints et qu'ils ne seraient en tout cas plus possibles après les dix-sept cents premiers jours. Il a été sous-entendu que de tels contacts seraient indésirables d'un point de vue psychologique. Il a été recommandé d'organiser des sessions de départ individuelles, en privé, à une date donnée, avant de passer aux préparatifs de la mission.

Le chef a émis des instructions. Il parlait comme quelqu'un qui travaillait son discours depuis un moment. Il a dit : Il n'existe pas de manière facile de le faire, mais c'est là que réside toute la question d'être un homme. Il a dit : Il va vous falloir respirer un grand coup et prononcer le genre d'au revoir que très peu de gens doivent jamais prononcer. Il va falloir vous tenir droits quand vous sortirez de la pièce. Pour ceux d'entre vous qui en ont, vos enfants voudront que vous leur montriez comment être un homme. Rendez-vous ce service à vous-mêmes et montrez-leur.

Ensuite, il a ramassé ses papiers et il est rentré chez lui, et un groupe parmi nous est allé jusqu'aux aires de chargement et a trouvé de vieilles caisses en contreplaqué dans lesquelles shooter à mort.

Jon McGregor est un romancier britannique. Il est l'auteur de Fenêtres sur rue *et, plus récemment, d'un recueil de nouvelles intitulé* Ce qui est arrivé à M. Davison.

Robert Mooney

Traduit de l'anglais par Bernard Cohen

QUAND HALLOWEEN EST ARRIVÉ, on a neutralisé la sonnette, de même qu'une famille fait castrer le chat de la maison, et éteint les lumières du perron comme si mon père n'était pas chez lui, moi à son chevet avec un livre sur les genoux. Une lampe discrète projette des ombres dans la pièce. Des coups frappés à la porte, puis le silence revient. Avant de partir à la messe avec ma sœur, ma mère a fixé d'un œil courroucé ma valise qui bloquait l'entrée, a marmonné quelque chose à propos de dîner quelque part avant de rentrer, m'a dévisagé sévèrement et a tourné les talons.

Je le veille seul. Il est dans le coma depuis trois jours, sur le lit médicalisé qui a pris la place du canapé, là où il s'asseyait après souper le soir et essayait de prédire mon avenir, le journal syndical plié sur le coussin près de lui. Nous partagions la même silhouette, le même sang, mais sa voix était plus douce, ses yeux d'un bleu plus pâle, sa vie plus claire, ses cheveux plus foncés, toison épaisse coupée très court. Des années auparavant, il avait abandonné le postiche qui couvrait la partie où sa chevelure ne repoussait plus – le fixer tous les jours devait être une corvée. Il plaquait maintenant les mèches plus longues dessus sans arriver à la masquer entièrement et moi, qui n'étais pas encore un homme, j'étais gêné qu'on me voie avec lui.

Ses mains étaient jaunes sur le drap, là où mon ombre se découpait. Un tube de perfusion alimentait son agonie. Parfois, un brusque ronflement déchirait l'air et réveillait l'espoir, comme il y a longtemps, quand, étendu dans mon lit à l'autre bout de la maison plongée dans l'obscurité, je suivais sa respiration telles les brebis un rêve d'immensité. Sur mes genoux, la Bible de Jérusalem. Je ne sais pas pourquoi je l'avais choisie, parmi tous les livres ici ; peut-être parce que c'était le plus gros et qu'il était déjà ouvert sur la commode, ou peut-être parce que les histoires déjà connues rassurent plus que celles qui restent à découvrir. Je lisais depuis au moins une demi-heure, et pourtant je n'en étais encore qu'au moment où Ève, tentée, tente Adam à son tour. Je levais sans cesse les yeux pour écouter le vent, ou les cris des enfants furibonds dehors, ou son souffle. J'aurais voulu murmurer à son oreille, mais j'avais peur.

Caïn a tué Abel, les flots se sont soumis pour

Noé, Babel s'est élevée, Dieu a tourmenté Abraham sur le Moriah. Je fixais le coin le plus sombre de la pièce, pas parce qu'il y avait eu un bruit mais justement, seulement du silence : pas de vent, pas d'enfants, rien. Sa bouche formait un O crispé et sec, un trou dans le visage blafard que j'avais rasé l'après-midi même. Je me suis arrêté de respirer, moi aussi. Il a commencé à inspirer dans un râle, s'est interrompu. Je l'ai frappé du plat de la main, sans savoir pourquoi. Sa tête s'est détournée sur l'oreiller et je l'ai giflé encore, durement. J'ai attendu un long moment, mon regard sur sa bouche. Attendu jusqu'à ce que des larmes sorties de mes yeux roulent sur ses joues.

Le numéro des pompes funèbres Anthony avait été accroché au mur près du téléphone. Je ne me rappelle pas avoir appelé, mais soudain on a frappé à la porte, plus fort qu'aucun gamin n'aurait pu. Deux hommes en longs manteaux patientaient dans la bourrasque. Quelqu'un avait écrit « SALAUD » à la crème à raser en dessous du heurtoir. Le vieux a présenté son fils, plus grand que lui, avec des cheveux plaqués en arrière et couverts de lotion. Ils sont entrés comme s'ils pénétraient dans une église.

Ensemble, ils se sont débattus pour le faire rentrer dans le genre de sac en plastique qui pourrait servir à transporter un instrument, gris avec des renforts blancs. À un moment, l'une de ses mains s'est échappée, frappant le sol. Après m'avoir jeté un coup d'œil, le plus âgé l'a remise prestement dans le sac. Ils ont tiré la fermeture éclair et l'ont emporté comme en une procession, le sac cognant contre les meubles, le chambranle de la porte. Je les ai suivis jusqu'au corbillard garé dans notre allée. Des squelettes, des zombies et des sorcières se tenaient tout autour, agitant des sacs de pièces et de bonbons, avec des airs de conspirateurs. Ils ont regardé les deux hommes charger le véhicule. Je me suis demandé si je devais aller avec lui, et puis je suis resté planté là pendant qu'ils regagnaient leurs sièges et démarraient. Les feux arrière ont scintillé au coin de la rue avant de disparaître dans l'obscurité. La buée blanche qui sortait de ma bouche accrochait comme des traînées acides dans l'air.

Des voix d'enfant ont retenti plus loin. Les petits quémandeurs se sont rapprochés, faisant la ronde, chantonnant : « Pourquoi vous n'avez pas ouvert ? On a cru qu'il n'y avait personne ! On a cru qu'il n'y avait personne ! » Ils riaient, secouaient leur butin, me montraient du doigt. J'ai entendu quelque chose s'écraser sur l'allée à mes pieds. J'ai attrapé les bras osseux d'un squelette, je l'ai secoué. Dans la lueur de la lune, son crâne paraissait en plastique. J'avais envie de briser ces membres, de les pulvériser dans mes poings, mais ils étaient chauds, fermes, tremblants. Ce n'était pas un squelette, juste un enfant. Le fils de quelqu'un.

« Enfoiré ! ai-je hurlé. C'était mon père ! »

Robert Mooney enseigne la création littéraire au Washington College. Il est l'auteur de Father of the Man.

Liz Moore

Traduit de l'anglais par Sylviane Lamoine

MCCLUSKEY LA TENAIT PAR LES CHEVILLES et Ames par les poignets. Jim était chargé des photos.

« Prends ça, prends ça », a dit McCluskey à Jim, et lui et Ames l'ont soulevée du sol et l'ont balancée doucement d'avant en arrière ; on aurait dit des parents, presque, qui bercent un enfant. Sa tête pendait et ses cheveux traînaient par terre.

« Putain ! s'est exclamé McCluskey. T'as pris ça ? »

Il y a eu des moments ce soir-là où Jim s'est demandé si elle était morte, mais de temps à autre elle ouvrait les yeux à demi et marmonnait, comme un murmure – deux fois elle a parlé de devoirs et une fois de chiens, et à chaque fois elle souriait. Ça les a fait rigoler.

« Week-end chez Bernie, deuxième », a fait McCluskey, avant de la laisser tranquille un instant sur le canapé crade et pelucheux de Schiffman.

Jim s'est baladé d'une pièce à l'autre. Un gars de l'équipe de basket lui a donné une grande tape dans le dos en s'écriant « Jimmy ! » d'un air étonné. C'était la première fois qu'il buvait. C'était la première fois qu'il était invité quelque part.

Plus tard dans la soirée, alors qu'Ames et Lewis étaient bourrés et ne savaient pas quoi faire, ils lui ont baissé son pantalon et son slip sur les chevilles et Jim a d'abord détourné le regard, c'était si proche, il n'en avait jamais vu en vrai avant, que sur un écran. Mais ils lui ont dit de prendre une photo alors il l'a fait. Il a pris la photo et l'a regardée sur son téléphone, c'était mieux que de regarder directement.

Au lycée, on disait que c'était une belle fille. Pas une fille bien. Elle gobait tous les cachetons qui lui tombaient sous la main. Elle avait des cours communs avec Jim mais ne connaissait pas son nom. Elle était sortie avec McCluskey. Elle était sortie avec Ames. Ceux qui savaient de quoi ils parlaient la traitaient de salope. Les filles ne l'aimaient pas. Elle ne parlait pas aux profs, même quand ils l'interrogeaient. Jim l'aimait bien. Elle lui avait plu pendant un moment. Il l'observait en classe et dans les couloirs. Il connaissait l'odeur de ses cheveux. Il pouvait dire comment elle était habillée quel que soit le jour. Il connaissait son deuxième prénom parce qu'il l'avait vu dans l'annuaire du lycée.

Là, il s'est forcé à la regarder. Sa peau était très

blanche. Il y avait des petits boutons rouges à l'endroit où le rasoir était passé. Il y avait des sillons rouges à l'endroit où l'élastique de son slip était rentré dans la peau. Les parties roses de son corps étaient fines et fripées et délicates, aussi délicates que du papier, il n'aurait pas cru.

C'est McCluskey qui a enfoncé quelque chose en elle le premier. Une bouteille de bière. « Prends ça », a-t-il dit à Jim, et il a pris la photo. Ames a dégoté un stylo et il l'a mis aussi en elle. Jim regardait son visage. Elle ne mouftait pas. Ils s'étaient tous rassemblés autour d'elle et approchaient leurs mains, désignant le stylo et la bouteille, la bouteille et le stylo. Jim a photographié ça aussi sans qu'on le lui demande. Il n'a pas pris les visages.

« Envoie-les-moi par texto », lui a dit McCluskey à la fin de la soirée, et il l'a fait.

Plus tard, après avoir envoyé les photos, il a pensé à des animaux : un cochon, une grenouille, un insecte. Il a pensé à une dissection. Il a pensé à une humiliation personnelle : la fois où il s'était pissé dessus lors d'un camp scout, et ce qu'il avait ressenti. Il s'est souvenu du liquide chaud coulant le long de sa jambe, de l'horreur vague qui l'avait envahi juste avant que l'on s'en aperçoive. Il a pensé à des prisonniers – les terrifiants prisonniers cagoulés sur les photos que M. Colgan, son prof préféré, avait projetées sur le tableau blanc en cours de sciences politiques à l'automne dernier. Les prisonniers avaient été ballottés d'un endroit à un autre. L'un d'eux était nu et portait un collier de chien. Un autre avait les bras tendus comme Jésus sur la croix.

« Qu'est-ce que les soldats voulaient leur apprendre ? » avait demandé M. Colgan à ses élèves, mais aucun n'avait su répondre.

Romancière et musicienne, LIZ MOORE *est l'auteur de* Arthur et moi.

Dina Nayeri

Traduit de l'anglais par Valérie Bourgeois

QUAND J'ÉTAIS PETIT GARÇON, jeune exilé fraîchement débarqué en Oklahoma, je vécus un incident qui me marqua à vif des mois durant, éclipsant tous les souvenirs impérieux qui l'entouraient. J'ai tant oublié aujourd'hui en comparaison.

Nous commençâmes à aller à l'église quelques semaines après avoir emménagé dans un immeuble du nom de Sitting Bird – notre portion miteuse de ce nouveau pays. Baba et moi avions épousseté nos plus beaux habits, des costumes marron délavés que nous avions portés durant notre voyage en avion depuis l'Iran. Ma sœur Nasreen avait enfilé une robe rose à fanfreluches, celle-là même qu'elle avait mise pour son premier jour de classe, et maman portait quant à elle une robe de deuil noire. Baba avait peigné sa moustache, aussi. Nous étions tous si mal assortis. Durant l'office, le pasteur Clark nous présenta pompeusement à l'assemblée des fidèles. Il évoqua le miracle de notre fuite, la joie de travailler avec l'Église iranienne clandestine, la récompense divine promise à ceux qui aidaient leurs frères chrétiens, la situation en Iran. Je contemplai les visages fatigués de ce dimanche matin en essayant de repérer des enfants de mon école. J'en reconnus quelques-uns aperçus dans la cour de récréation, des blondinets souriants aux cheveux plaqués en arrière. Tandis que je les fixais ainsi, je perdis le fil des paroles prononcées par le pasteur – jusqu'à ce que je sursaute en entendant Baba bredouiller à côté de moi.

« Oui, mon frère », commença-t-il.

L'air nerveux, les mains pendant entre ses cuisses, il faisait tourner les perles vertes de son chapelet trois fois plus vite qu'à l'ordinaire. Le pasteur avait dû lui poser une question inattendue.

« Voyons voir… c'est une longue histoire. Elle ne vaut pas de prendre votre temps, je crois, déclara-t-il en riant doucement, avant de se racler la gorge. Mais comme vous dites, que de bénédictions. Nous partons d'Iran, vite, très vite, et nous n'avons pas certitude de quel endroit nous vivrons. »

Il s'interrompit à plusieurs reprises, dans l'espoir que cela suffirait, mais le pasteur ne cessait de hocher la tête et de l'encourager à continuer. Je cillai devant tous ces regards braqués sur ma famille, sur moi, sur mon père, ce barde autrefois joyeux que je n'avais jamais vu se débattre si maladroitement, si humblement avec une histoire.

« Il y avait camp de réfugiés. Un don du ciel. Et puis ici, Dieu soit loué, avec vous autres, braves gens. »

Durant tout ce discours, je gardai les yeux rivés sur mes mains, tirant sur mes cuticules et comparant ma peau mate avec celle de la femme à ma droite. J'aurais voulu que Baba se taise. J'aurais voulu savoir ce qu'une église américaine attendait de ses fidèles – même si nous avions tous compris à ce stade que le mot église avait un sens différent dans ce pays où aucune menace mortelle ne pesait sur nous et où, parfois, ce n'était pas par envie ou par croyance que les gens venaient en ce lieu. Ici, Baba n'était encore respecté de personne. Même ses diplômes ne lui servaient à rien. Il n'était plus le même homme, et il ne manquait aucune occasion de le rappeler.

« Bientôt, je passe l'examen pour ma licence médicale. Il faut pour pouvoir pratiquer. »

Les mines sceptiques tout autour de nous me firent baisser les yeux encore plus. Je n'osai les relever. Quand l'assiette de la quête circula, les gens y laissèrent tomber des billets et des pièces avant de la passer vivement à leur voisin. Mais Baba la posa sur ses genoux, farfouilla dans sa poche, et ensuite – à ma grande horreur – mit un billet de cinq dollars et en ramassa trois de un. Je voulus lui dire, *Non, Baba, ça ne se fait pas*. Mais je m'en abstins et me fis l'effet d'un lâche. Lorsqu'il me tendit l'assiette en souriant, je perçus une petite partie de la fierté qu'il éprouvait autrefois à être un bienfaiteur de l'église – une fierté ternie, mais toujours présente quelque part en lui.

Des dizaines d'années ont passé, et je le revois encore, les pieds plantés sur le tapis rouge cramoisi de ce sanctuaire, en train de prendre sa monnaie dans l'assiette de la quête. Je l'ai regardé faire et je me suis reproché de ne rien dire. Mais aujourd'hui, je suis heureux qu'une force inconnue m'ait réduit au silence... parce que merde à quiconque reprocherait à un homme d'être pauvre.

Il existe de noirs tunnels dont les biens lotis n'ont jamais conscience – toutes ces batailles qui se déroulent juste sous leurs pieds, juste en deçà de leur regard levé vers le ciel. Partout, les pauvres vivent selon des règles qu'ils édictent pour eux-mêmes. Et tout en eux tient à la manière dont ils sont arrivés là.

DINA NAYERI est un écrivain irano-américain, auteur d'un premier roman intitulé Une pincée de terre et de mer.

Téa Obreht

Traduit de l'anglais par Marie Boudewyn

AU POINT DU JOUR, prenez note des disparus. Il vous semblera qu'ils sont partis en éclaireurs, et pourtant, vous savez déjà que vous ne les reverrez plus jamais. Comme ceux que vous avez croisés, brisés et mutilés dans l'herbe, ils ne reviennent pas. Parce que leur absence n'a pas été nommée, son poids vous accompagnera dans votre marche jusqu'à ce que leurs visages et leurs voix s'effacent. Attendez que ceux qui ont été épargnés se rassemblent dans la clairière. Comprenez qu'aujourd'hui, vous aussi avez été épargné.

Gagnez du terrain avant que le soleil atteigne son zénith. Déplacez-vous d'ombre en ombre, de point d'eau en point d'eau. Assurez-vous que les petits restent toujours à portée de vue, ou dans les bras de leurs mères. Tendez l'oreille au moindre frémissement dans l'herbe. Marquez une halte à l'occasion, retournez-vous pour rechercher les disparus. Demandez-vous ce qui vous incite à les chercher encore, alors que vous avez déjà compris qu'ils ne sont ni là, ni ailleurs. Ils ne sont nulle part.

Quand vous dépassez d'autres fugitifs dans la plaine, gardez vos distances. Demandez-vous ce qui leur est arrivé, à eux et aux leurs, si eux aussi s'interrogent sur les ténèbres alentour où les disparus se volatilisent.

Regrettez les disparus. Quand la première histoire vous viendra, au coucher du soleil, pensez à eux. Quand vous la raconterez, nommez-les.

Téa Obreht est l'auteur de La Femme du tigre, *lauréat du prix Orange et finaliste du National Book Award.*

Edna O'Brien

Traduit de l'anglais par Pierre-Emmanuel Dauzat

OUVRE LA VALVE DE TON CŒUR. Lis quelques grands auteurs féminins, des deux Emily – Brontë et Dickinson – à nos jours. Dis-moi qu'il t'arrive de rêver comme tu rêvais enfant et parlais comme un enfant. Ah oui : rapporte du bacon à la maison.

Romancière, poétesse et dramaturge irlandaise, EDNA O'BRIEN *est née en 1930. Elle est l'auteur de plus d'une vingtaine de livres, dont le dernier en date s'intitule* Fille de la campagne. Mémoires.

Joseph O'Connor

Traduit de l'anglais par Carine Chichereau

L'ÉTÉ DE MES SEIZE ANS, j'avais trouvé un petit boulot de plongeur dans un restau, chez nous à Montauk, sur Long Island. Mon père était parti avec sa petite amie au Noël précédent et depuis, une étrange tolérance régnait à la maison. À la fin de l'été, j'étais retourné en classe et ma mère, qui était un peu perturbée sur le plan religieux et avait complètement sombré dans l'alcool, m'avait autorisé à continuer ce travail après les cours. J'aimais bosser dans ce restau.

La porte du fond, en cuisine, donnait sur un parking où le chef et moi, on allait fumer de l'herbe et passer le temps avec les ouvriers du bâtiment qui démolissaient le vieux motel d'en face. J'avais une petite activité d'appoint, je leur vendais de l'alcool que je piquais dans la réserve, avec à l'occasion une caisse de cuisses de poulet surgelées. Le chef fermait les yeux. C'était un Albanais à l'esprit ouvert et un partage à moitié-moitié suffisait à lui faire garder le nez sur ses casseroles quand on traversait les cuisines avec les caisses. Allez savoir comment il avait atterri à Montauk, sur Long Island, pour y faire bouillir du homard... Ce n'était sûrement pas ce dont il avait rêvé, enfant, mais je ne lui ai jamais posé la question.

Les ouvriers étaient en majorité irlandais, ils parlaient d'endroits que je ne connaissais pas, avec des manières de conspirateurs et en se donnant des tapes dans le dos. Comme tous les Irlandais que j'ai connus, ils avaient l'humour sardonique et ils étaient persuadés qu'on ne pouvait que s'intéresser à l'Irlande et à son peuple. Ils se moquaient de moi parce que je n'avais pas de copine. À force, ça m'a gonflé. Même l'Albanais s'y mettait. Je n'étais bien sûr pas en position de les insulter pour me protéger ou me venger, seulement je voyais bien qu'il fallait quand même faire quelque chose.

Poussé par leurs railleries, j'ai décidé de sortir avec une fille. Elle s'appelait Verity Moore. Elle était belle, intelligente, vive et pleine d'esprit, les pommettes si saillantes qu'on aurait pu y accrocher un chapeau et, en plus, elle parlait français. C'était une musicienne accomplie : six ans de dulcimer. Elle apprenait aussi à jouer de la clarinette et progressait rapidement. Verity Moore était l'une des plus jolies filles de Long Island, en fait, elle était trop bien pour moi. Elle avait seize ans, elle aussi, mais elle était calme et posée. Son père, qui ne m'appréciait guère, était orthodontiste à Amagansett, ce qui constituait en soi un exploit car il avait le physique de l'acteur porno Ron Jeremy.

Je passais avec elle toutes mes soirées libres et le plus clair de mon temps le week-end. De retour sur le chantier, je régalais les Irlandais, à présent muets d'admiration, du récit croustillant à souhait de nos rendez-vous. Les films que nous avions vus. Les balades romantiques sur la plage de Ditch Plains. Son baiser, à la veille de Noël.

Comme il est doux, le souvenir du premier baiser. Le jour où ça m'est arrivé, j'ai cru que le monde s'arrêtait de tourner. J'avais l'impression que je pouvais décrocher la lune. J'ai déclaré aux Irlandais que les baisers de Verity Moore étaient à nuls autres pareils. Je voulais qu'ils m'envient et j'ai réussi mon coup.

Je ne leur ai jamais dit qu'en réalité, mon ange n'existait pas, que je l'avais fabriqué de toutes pièces à partir de bouts de films, de conversations entendues, juste pour avoir quelque chose à raconter. Je ne leur ai pas non plus avoué que je n'avais jamais embrassé une fille de cette manière, ni que mon expérience du baiser était en vérité très limitée. Je m'étais en effet contenté d'embrasser de vieilles tantes, en général sous la contrainte, parce que ma mère m'assurait qu'en m'y résignant, je figurerais sur leur testament. En tant qu'ancien catholique, j'avais bien dû embrasser un crucifix, même si, fait étrange, je n'en ai pas le moindre souvenir. J'avais certes inondé de baisers le poster de la chanteuse punk Debbie Harry qui me toisait, les yeux mi-clos pleins de désir, au-dessus de mon lit virginal. Elle portait un T-shirt des Sex Pistols et un jean taille basse en cuir, déchiré, qui laissait entrevoir avec un érotisme fracassant un demi-centimètre de sa petite culotte. Si vous l'aviez vu, vous l'auriez embrassé aussi, ce poster. À force, j'ai failli le trouer jusqu'au papier peint.

Enfin est arrivé le jour où je leur ai dit que, Verity et moi, nous étions allés plus loin. Je leur donnais tous les détails, ils étaient médusés. Bien sûr, il fallait que j'improvise. Et ce n'était pas facile. La seule personne avec qui j'avais jamais couché, c'était moi-même, personne que j'appréciais par moments, dont j'admirais la modestie, mais qui sur le plan sexuel était un peu… nulle. Je commençais à croire qu'il vaudrait mieux que je me contente de rester ami avec moi-même. Mais j'avais du mal à me quitter. Enfin bref, les Irlandais ne semblaient pas soupçonner la vérité. Ou alors, ils n'en laissaient rien paraître.

Les lumières de Gosman's Dock n'étaient rien comparées à la beauté de ses yeux, à la puissance électrique de ses baisers. Les ouvriers me demandaient : « Tu en es où avec Verity ? » Et je leur répondais : « Occupe-toi de tes fesses », ou : « Retourne à Dublin, toi ! », le genre de sarcasmes qui plaisaient à l'Albanais.

Au cours de ma vie, j'ai eu des expériences

sexuelles plus excitantes, ou plus profondes, mais je crois qu'aucune ne soutient la comparaison avec la première, bien qu'elle soit totalement inventée. C'était une amante merveilleuse. Et pour tout dire, je crois que je n'en suis toujours pas remis, aujourd'hui.

Elle m'a coûté deux mariages, cette beauté du front de mer. Je me demande ce qu'elle devient à présent. Un homme est par définition capable d'être spectateur de lui-même. Je l'ai appris à l'époque où je bossais au milieu des homards ; les yeux rivés sur les réverbères de Montauk, à Long Island, et je regrettais qu'ils ne ressemblent pas plus aux étoiles.

Romancier irlandais, Joseph O'Connor *est l'auteur de nombreux romans, parmi lesquels* Les Âmes égarées.

Mary O'Malley

Traduit de l'anglais par Bernard Cohen

« C'EST COMME ÇA, il a dit : c'est une sacrée pute.

— Allons, Mairtin, elle a protesté.

— Tu sais que c'est elle qui a demandé le divorce ?

— J'ai entendu ça, oui.

— Et tu sais qu'elle l'a obtenu ? » Il avait l'air d'être sur le point de pleurer. « Et qu'elle a eu les gosses aussi ?

— J'ai entendu dire, en effet. Je suis désolée que ça ait tourné comme ça.

— Divorce... »

Il a répété le mot d'un ton étonné, comme si c'était du swahili ou du néerlandais.

Elle s'est tue. Cela ne servait à rien de lui parler. Il faisait seulement comme tous ses semblables. Sa propre mère lui aurait donné raison. Il alignait des journées de douze heures sur des chantiers à Chicago, il avait réussi à acheter une maison, et maintenant sa femme l'avait mis dehors, chassé comme un chien. Et elle avait décidé quand il pourrait voir ses enfants.

Il se confiait à Ann parce que c'était une fille du pays, mais pas endurcie. Certaines compatriotes qui vivaient en Amérique se laissaient envahir par la glace, elles affichaient une expression froide et dure comme du verre qu'aucun homme n'arrivait à traverser.

Ann, elle, lui parlait parce qu'elle l'avait rencontré au pub tard dans la nuit, en train de se briser le cœur sur une chose qu'il ne pouvait ni arranger ni comprendre. Et aussi parce que dans leurs premiers temps ici, quand ils avaient du mal à joindre les deux bouts, en 1992, Mairtin avait laissé une enveloppe sur le comptoir de sa cuisine avec mille dollars dedans. Son seul commentaire, quand elle l'avait remercié, avait été : « Mais c'est que des dollars. De l'argent de Monopoly. Ah, quand je franchissais les montagnes de Cork et du Kerry… »

« Ça ira bien pour les petits », lui a-t-elle assuré.

Son propre divorce d'avec Sean, ami et employeur occasionnel de Mairtin, n'avait rien à voir là-dedans.

« Tu sais ce que cette garce a raconté au juge ? Elle lui a sorti que j'avais essayé de l'étrangler. Il m'a demandé : "Vous confirmez ?" Et j'ai répondu… »

Ann a pouffé.

« Mais non, Mairtin, elle n'a pas dit ça. C'est affreux, de lui mettre ça sur le dos.

— Mais elle l'a dit !

— Et toi, alors, qu'est-ce que tu as répondu ?

— J'ai dit que non. Il a rétorqué que c'était ma parole contre la sienne. En tout cas, si j'avais voulu l'étrangler, j'aurais fait ça proprement et elle aurait pas été là à déballer des mensonges pareils devant un tribunal américain… Et après, ils ont dit que je devrais prendre rendez-vous pour voir mes gosses, pareil que pour aller chez le dentiste, et là j'ai dit que je regrettais de pas l'avoir étranglée. La salope. »

Il a eu une espèce de rire. Elle espérait qu'il avait réagi plus intelligemment que ça, mais avec Mairtin, on ne pouvait jamais être sûr. Il a repris :

« Qu'est-ce que je vais leur dire, au pays ? Qu'est-ce que je vais dire à Mamai ? »

Il avait parlé si bas qu'elle avait eu du mal à saisir ses paroles. Sous le coup de l'émotion, son accent était encore plus marqué.

« Dis-leur que ça n'a pas marché. Rien de plus. Ce sont des choses qui arrivent. » Elle s'est levée, lui a effleuré l'épaule. « Mais c'est vrai ?

— Quoi donc ?

— Tu as été violent avec elle ? »

Il a levé vers elle des yeux d'épagneul.

« Eh ben, des fois on s'emporte un peu, après une nuit de picole. Tu sais bien comment c'est. »

Elle le savait, et comment. Maire s'était confiée. Elle disait que ça n'arrivait que quand il buvait. Que c'était comme un câble qui sautait dans sa tête. « Ce n'est pas un mauvais bougre », avait-elle affirmé à cette même table de cuisine, des larmes dans les yeux : « Il est comme un grand gamin. »

« Ils peuvent vraiment faire ça, Ann ? Pour les gosses ? »

Et elle, doucement :

« Ah, Mairtin, ils peuvent, oui. »

Elle s'est levée pour refaire du thé, songeant à tous les hommes qu'elle connaissait qui étaient comme de grands enfants, se demandant pourquoi ils étaient si nombreux, et à ce point déstabilisés par la vie, les femmes et les voies tortueuses de l'amour.

Elle est revenue avec la théière pleine, l'a posée sur la table.

« Faut reconnaître, Ann, mon pote, tu fais le thé comme personne.

— Écoute, Mairtin, si je peux faire quoi que… »

Mais il s'était détourné, et il chantonnait :

« He's lost his faloorum, faliddle aye oorum, he's lost his faloorum, faliddle dal day… »

Alors, elle s'est rassise, elle a rempli la tasse de Mairtin, qui avait perdu son petit zoizeau, et attendu qu'il se reprenne suffisamment pour arrêter de chanter, lui faire face à nouveau et boire son thé.

MARY O'MALLEY est une poétesse irlandaise. Son dernier recueil publié s'intitule Valparaiso.

Michael Parker

Traduit de l'anglais par Bernard Cohen

QUAND IL ÉTAIT LYCÉEN, il avait pris un petit boulot dans une pharmacie, les après-midi après les cours et les week-ends. Le patron, alcoolique notoire, lui hurlait dessus pour un peu n'importe quoi : ses seize ans, sa maladresse quand il devait faire une marche arrière avec une remorque ou remettre de l'eau distillée dans une batterie. Il était incapable de laver les vitres correctement, et la seule fois où on lui avait confié la caisse, un dollar était venu à manquer. Va nettoyer les trucs dans la vitrine, lui avait dit le pharmacien un après-midi, et donc le garçon avait passé un chiffon à poussière sur les fauteuils roulants, les cannes, les déambulateurs et autres équipements médicaux mis en scène sur l'estrade derrière la grande plaque de verre. Il trouvait ce bric-à-brac très mal agencé ; lui-même avait pour habitude de changer la disposition des meubles dans sa chambre tous les deux ou trois mois, seulement pour avoir une impression de nouveauté, ou d'entrer dans la chambre de quelqu'un d'autre, quelqu'un avec des projets, quelqu'un qui n'aurait eu que l'embarras du choix. Une fois, il était allé jusqu'à retirer les portes coulissantes de la penderie pour y pousser la tête de son lit. Il avait été réveillé en pleine nuit par un cauchemar de jungle et de lianes, avant de s'apercevoir que c'étaient les ourlets de son pantalon du dimanche qui lui frôlaient le visage, mais cela ne l'avait même pas vraiment dérangé. Être étendu au milieu des ceintures et des cravates qui pendaient des cintres lui donnait la sensation d'habiter une grande ville, dans un studio si exigu qu'il n'avait pas d'autre recours que d'installer son lit à moitié dans le placard, loin de ses parents et du pharmacien. Il aurait voulu réorganiser la vitrine de la pharmacie, créer quelque chose d'aussi nouveau et déconcertant, mais les options étaient limitées. Comment disposer la marchandise d'une façon qui ne crierait pas aux passants : « Non seulement vous allez mourir, mais nous allons nous enrichir grâce à votre déclin puis votre disparition » ? Pour créer l'effet diamétralement opposé à celui qu'il avait ressenti en se réveillant la tête dans la penderie, il fallait tout laisser en place, comme c'était depuis le jour où il avait accepté ce job, voire depuis l'ouverture de la boutique. Et là, il s'est senti coincé : il n'aimait pas le pharmacien, il n'avait pas envie que son affaire lui rapporte quoi que ce soit, surtout sur le dos des personnes âgées et des infirmes, mais d'un autre côté, laisser la vitrine en l'état, priver le monde de l'étincelle du renouveau lui semblait tout aussi déplaisant. Et ainsi, sous le coup d'une angoisse qui ne le faisait pas trembler mais le rendait infiniment las, il s'est assis dans l'un des fauteuils roulants, pour réfléchir à ce qu'il devait faire. Le patron était sans doute occupé ailleurs, ou en train de s'enivrer dans l'arrière-boutique avec ses potes, car une heure s'est écoulée sans que personne ne vienne le déranger, avachi là, en proie à ses désirs contradictoires, tandis qu'au-dehors les gens passaient sans lui accorder un regard. Il les détestait pour cette indifférence, mais il les aimait aussi, précisément pour la même raison.

MICHAEL PARKER *a publié cinq romans, dont récemment* The Watery Part of the World, *et deux recueils de nouvelles. Il enseigne la création littéraire au campus de Greensboro de l'université de Caroline du Nord.*

Benjamin Percy

Traduit de l'anglais par Renaud Morin

CE N'EST QU'UN PETIT GARÇON. Mais quand il rentre de l'école en pleurnichant, la lèvre fendue et un œil au beurre noir, son père lui ordonne d'arrêter de pleurer. Tu es faible, dit-il. Ne sois pas faible. Ce soir-là, le garçon se tient nu devant le miroir et déteste ce qu'il voit, la fragilité de son corps glabre, son évidente faiblesse. Il se rase la tête et colle ses cheveux sur sa poitrine et ses aisselles. Il boit de l'essence et avale une allumette pour brûler l'aigu de sa voix. Il incise ses bras et enfonce des pierres dans les fentes pour arrondir ses biceps. Il ouvre ses cuisses et ses mollets et leur greffe des tasseaux de bois pour les allonger. Il ampute son petit engin avec un long couteau qu'il loge ensuite dans la cavité fraîchement formée. Et quand, le lendemain matin, il descend pesamment l'escalier pour le petit-déjeuner – un bol de céréales aux fruits et un petit verre de lait –, son père lui tape fièrement dans le dos tandis que sa mère pleure et dit qu'elle ne le reconnaît pas.

BENJAMIN PERCY, *qui collabore au magazine* Esquire, *est l'auteur de* Sous la bannière étoilée *et, plus récemment, du* Canyon.

Jason Porter

Traduit de l'anglais par Bernard Cohen

LÀ, C'EST MOI : quatorze ans, un skate-board, caractère nerveux, cachets contre les troubles de l'attention ; projet de détruire la planète si je n'arrive pas à convaincre une fille de m'embrasser avant la fin de l'année. Là, trois trucs : protège-dents, trompette, jeux vidéo. Là, quatre trucs : pastilles haleine fraîche, chaussettes de sport, pétards, étoiles ninja. Là, six trucs : kleenex froissé, catalogue de lingerie, écouteurs, lunettes de soleil, lunettes de vue, livre secret d'anatomie. Là, un truc : une photo d'un père et d'un fils assis sur un banc, mêmes cheveux, même nez, fatigués l'un de l'autre. Là, encore un truc, un dernier : la planète est déjà détruite.

JASON PORTER est l'auteur de Why Are You So Sad ?, *à paraître.*

Ron Rash

Traduit de l'anglais par Isabelle Reinharez

« LA JOURNÉE EST BIGREMENT MAUSSADE, a dit oncle Earl, en tirant un peu plus sa veste en jean sur ses épaules, mais peut-être que ça s'éclaircira demain avant le service religieux. »

J'ai regardé au-delà du pare-brise et je n'ai pas été du même avis. Le brouillard pouvait s'installer pour des jours dans notre vallée. On aurait cru que les montagnes qui nous entouraient y déversaient la brume et posaient par-dessus un couvercle de marmite. Cette grisaille s'insinuait dans les murs et entrait aussi dans la maison. Tout ce qui brillait, une courtepointe ou un bocal de boutons, perdait ses couleurs, et dans le bruit des pas s'entendait la solitude.

Au détour d'un virage, la ferme des Tilson est apparue. Une voiture était garée à côté du pick-up bleu de M. Tilson.

« C'est la voiture au pasteur Winn, a dit Papa.

Vaut peut-être mieux qu'on avance jusqu'au champ. »

Il a garé le pick-up en douceur sur l'accotement d'en face et on est sortis. Oncle Earl a pris les grands couteaux et les sacs en toile de jute sur le plateau à l'arrière, et on a descendu la pente, puis traversé un champ de maïs moissonné, des tiges et des spathes mouillées et glissantes sous nos pieds. Le lopin de choux était près du ruisseau. Deux rangs avaient été coupés sur les six.

D'un signe de tête, oncle Earl a montré le champ de l'autre côté de la route. Le brouillard était plus épais dans les terres basses et il nous a fallu quelques secondes pour apercevoir le tracteur. Il gisait sur le flanc, une grosse roue noire en l'air, les dents de la herse pareilles à de longs doigts.

« Il aurait pas dû se mettre sur une pente raide comme ça, a remarqué oncle Earl.

— Non, a dit Papa. Mais je connais plus d'un gars qui a eu au moins une chance de tirer la leçon de cette erreur-là. »

Ils ont posé les sacs et se sont agenouillés chacun au bout d'un rang.

« Reste entre nous, m'a demandé Papa. Nous, on coupe et toi, tu mets en sac. »

Ils ont commencé le travail, la main gauche sur la tête du chou et le grand couteau qui tranchait par en dessous.

« On sera sales comme des cochons quand on

aura terminé, a remarqué oncle Earl en chassant d'un revers de main la terre mouillée collée à sa salopette.

— Tâche de garder tes habits propres, fiston, m'a demandé Papa. Faudrait que tu fasses autre chose pour moi quand on en aura fini ici.

— Du moins aussi propre qu'un garçon de dix ans peut le rester », a dit oncle Earl.

J'ai traîné le sac derrière moi en remontant la rangée, et je devais tirer plus fort chaque fois que j'y mettais un autre chou. Papa et oncle Earl s'arrêtaient de temps en temps pour m'aider à les rattraper. Dès qu'un sac était plein, je courais en chercher un autre et je commençais à le remplir. Au bout d'un moment, j'ai entendu la voiture garée à la ferme s'en aller. On n'a pas perdu de temps, mais ça nous a quand même pris deux heures.

« Quinze sacs pleins, a annoncé oncle Earl quand Papa et lui ont chargé le dernier sur le plateau du pick-up. Tu comptes toujours apporter ça à Lenoir aujourd'hui ?

— Oui, a répondu Papa, mais faut que je lui demande si elle en veut pour ses conserves.

— Alors autant y aller voir. Le pasteur est parti, le moment est peut-être pas si mal choisi. »

On a traversé la route et on est entrés dans la cour, où Papa et oncle Earl se sont arrêtés.

« Quitte tes souliers et tes chaussettes, m'a demandé Papa. Et puis monte frapper à la porte. »

J'ai fait ce qu'il a dit et je suis monté sur la galerie.

Mme Tilson a ouvert la porte. Elle portait une robe noire et j'ai bien vu qu'elle avait pleuré. Elle m'a regardé avec l'air de ne pas savoir qui j'étais, puis a fixé les yeux sur Papa et oncle Earl plantés là dans la cour, les mains dans la poche de devant de leur salopette.

« On a coupé le reste des choux, Faye, a dit Papa. On savait pas si tu voulais en garder pour mettre en conserve. Si t'en veux, on te les portera dans le cellier à légumes. »

Mme Tilson a mis ses mains sur ses yeux, et les a gardées là. Et puis, très lentement, elle les a laissées frotter sa peau, frotter fort, comme si elle retirait un masque pour y voir plus clair.

« Vends-les, a-t-elle répondu. Alec, c'est toujours ce qu'il fait. Faisait.

— D'accord, a dit Papa. On se verra demain à l'enterrement, mais si avant ça tu as besoin de quoi que ce soit, préviens-nous. »

Mme Tilson n'a rien répondu, ni même hoché la tête. Elle est rentrée chez elle à reculons et a fermé la porte, c'est tout.

« Mme Tilson, elle t'est reconnaissante d'avoir donné un coup de main, a dit Papa quand on est remontés dans le pick-up. Peut-être bien qu'elle le dira jamais, pourtant. Elle en voit de dures, et possible qu'elle tiendra pas à repenser à ces jours-ci.

En tout cas, a-t-il ajouté en mettant le moteur en marche, c'est bien ce que t'as fait. »

RON RASH est un poète, auteur de cinq recueils de nouvelles et de six romans, tous lauréats de prestigieux prix littéraires. Sont récemment parus en français Le Monde à l'endroit *et* Une terre d'ombre. *Il enseigne à l'université Western Carolina.*

Salman Rushdie

Traduit de l'anglais par Gérard Meudal

DANS MON RÊVE, il y avait des loups blancs dans un arbre. Lui, le grand psychanalyste, me dit que j'avais dû voir mes parents faire l'amour à la façon des chiens. Les loups blancs dans l'arbre me faisaient peur. Il me dit que j'avais dû voir des animaux copuler et imaginer mes parents faisant la même chose. Je lui dis que je ne pouvais plus aller à la selle. Il me dit que tout cela était lié au sexe. Son collègue affirma que j'avais été victime d'abus sexuels quand j'étais gamin.

Ma sœur s'était suicidée. Mon père s'était suicidé. Je souffrais de dépression. Le grand psychanalyste me soigna et me déclara que j'étais guéri.

Après quoi je m'efforçai d'être un homme capable de porter son fardeau comme tout un chacun. Je m'efforçai de ne pas céder à la peur et de chier normalement. Sans succès. Je déclarai donc à tout le monde que le grand psychanalyste s'était trompé, qu'il avait tort à propos des loups blancs, des copulations canines et de tout le reste. Personne ne comprit ce que je disais.

Le grand analyste mourut et moi je n'étais toujours pas guéri. Les ennemis du grand psychanalyste affirmèrent qu'il s'était trompé sur mon cas, mais personne ne me comprenait, pas même moi. Mes intestins ne pouvaient se vider sans l'aide d'un lavement. J'étais empli de peurs.

Voilà ce qu'a été pour moi la condition humaine. Quand je me regarde dans la glace à présent, je suis sûr de voir un troisième orifice dans mon nez. Je suis persuadé que, pendant que je ne regardais pas, le grand analyste m'a creusé une narine supplémentaire. C'était la thérapie qu'il envisageait pour moi. Il est mort mais l'orifice dans mes narines est toujours là, du moins dans le miroir. Dans mes rêves, il n'y a plus de loups blancs mais le grand psychanalyste m'y explique que cette troisième narine symbolise mon complexe de castration, il dit que je pense que quelqu'un cherche à me castrer.

Le grand psychanalyste a tort. Je ne pense pas à la castration. C'est à peine s'il m'arrive même de penser à mon pénis. Je ne pense jamais à la sexualité, qui ne semble pas faite pour les gens comme moi. Un autre grand psychanalyste soutient que mes troubles n'ont rien à voir avec les amours canines. D'après lui, les loups représentent les diverses facettes de ma personnalité.

Me voilà donc schizophrène.

J'ai fait un rêve dans lequel un ange voulait devenir homme pour pouvoir goûter à la bonne chère, toucher les femmes et être amoureux. J'avais envie de dire à cet ange : Ne fais pas cela. Reste là-haut dans les cieux et ne descends pas sur terre. Si tu descends, il viendra quelqu'un pour te dire que ton problème vient des amours canines ou du complexe de castration. Quelqu'un, pendant que tu ne fais pas attention, pourrait bien te forer une nouvelle narine.

J'ai rêvé d'une fille qui était en réalité un homme, heureuse après son opération et impatiente de jouer au base-ball avec d'autres hommes. Je ne comprenais pas ce que disait cette fille, elle parlait une langue que je ne connaissais pas. Ce devait être de l'espagnol.

J'ai rêvé d'un homme transformé en chien par une opération, doté d'un cerveau et de testicules humains. Le chien se comportait de manière choquante, comme un homme, il était vulgaire, lubrique, violent. Je me dis que l'homme-chien devait avoir rêvé d'un arbre plein d'hommes blancs tout nus. Je me dis que peut-être, le chien avait dû voir ses parents chiens faire l'amour à la manière des hommes, dans la position du missionnaire, et qu'il en avait été traumatisé.

Je ne comprends rien à tout ça. Je fais partie de ce *ça* que je ne comprends pas, comme tous ceux qui ne me comprennent pas. J'ai pensé parfois qu'être compris m'aurait guéri. Avoir quelqu'un qui me dise, *je comprends* et accéder ainsi à la vérité.

Pour finir, inévitablement, je suis mort. Je ne sais pas davantage ce que cela signifie, mais cela a réglé quelques problèmes.

SALMAN RUSHDIE est l'auteur de onze romans dont Les Versets sataniques *et* Les Enfants de minuit *qui a remporté le Booker Prize. Son dernier livre est intitulé* Joseph Anton : une autobiographie.

John Burnham Schwartz

Traduit de l'anglais
par Johan-Frédérik Hel Guedj

ALORS VOILÀ : un jour, avec ses parents, il va rendre visite à sa grand-mère dans sa « maison ». Ses parents le forcent. Il y est déjà allé. Dans cette maison qui n'en est pas une. Cette maison où les infirmières ont elles-mêmes l'air de personnes vieilles et malades, où les plateaux-repas et les pichets à pipi sont en plastique bleu, où les murs ont la patine calcifiée des ossements. Les odeurs lui donnent des haut-le-cœur, ou du moins lui en inspirent. Mamie est assise dans un fauteuil roulant, dans le seul coin de sa chambre qui ne reçoit pas de soleil. Elle est vêtue d'un lainage, alors que dehors il fait très chaud. Ses parents se parlent un moment à voix basse, et puis sa mère plonge la main dans son sac et en sort son enregistreur. « Chante pour mamie », fait-elle. Il connaît la suite. Il porte l'enregistreur à ses lèvres et se met à chanter *Danny Boy* pour sa mamie, car elle est si vieille qu'elle a perdu la vue et ne peut qu'écouter, et la seule chose qu'elle ait jamais eu envie d'écouter en sa présence, c'est *Danny Boy*. Quand il a fini, il tend l'enregistreur à sa mère et elle le range dans son sac à main. Il y a des larmes dans les plis desséchés du visage de sa mamie. Il l'embrasse, sent le goût du sel, renifle la mort, et puis il sort. Dans le couloir, il y a une vieille femme allongée sur un lit à roulettes, un homme quasi nu appuyé sur le cadre en alu de son déambulateur, et un jeune couple qui s'étreint en chuchotant. Il y a une odeur d'urine et de poussière. Il marche vite, jusqu'à arriver dehors, où il peut respirer de grandes goulées d'air frais et sentir le soleil sur son visage. Il s'assied sur un petit muret de brique à gauche de la porte du local électrique, et il attend. Pendant un moment, il reste là, au calme. Il a le sentiment de s'être échappé, et le soleil est très chaud sur sa peau. Il entend dans sa tête le son des notes qu'il a chantées pour sa mamie, les sonorités persistantes de cette chanson d'une tristesse terrible. Et puis la chanson se termine, et il attend encore que ses parents sortent. Son esprit s'assèche. Il essaie de se souvenir du visage de sa mamie, mais plus il reste assis au soleil et à l'air frais, plus il a de mal à la voir. Enfin, il se lève. Au-dessus de lui, sur le mur de la « maison », il y a une petite boîte rouge où il est écrit : ALARME.

À l'arrivée des pompiers, il sera encore là. Et il sera toujours là quand ils évacueront ces vieilles personnes dans leurs fauteuils roulants et leurs lits à roulettes, escortées de leurs perfusions et de leurs bouteilles d'oxygène. Une marche de la mort. Non, il n'ira nulle part. S'il a fait ça, ce n'est pas pour se cacher. Il l'a fait parce qu'il n'a jamais aimé *Danny Boy*. Jamais de la vie.

---

*JOHN BURNHAM SCHWARTZ est l'auteur d'*Au bout de la route, *de* Bicycle Days, *et plus récemment de* Northwest Corner.

Mona Simpson

Traduit de l'anglais par Bernard Cohen

JE VAIS TE DIRE COMMENT ÊTRE UN HOMME. Pour commencer, cesse ce que tu es en train de faire, ou étais en train de faire. Arrête, tout de suite. Et tiens-toi tranquille. Baisse le rideau de ta boutique. Ferme les yeux, les oreilles et surtout le nez. Et cette bouche que tu as, aussi. Ne mange rien. Plus important encore, ferme le robinet d'où cascade ce charme qui éclabousse la moindre personne que tu croises, ces femmes de toutes les tailles, de toutes les formes et de toutes les couleurs, et même certains hommes, ceux qui demandent, non, mais il est gay, vraiment, vraiment, il a l'air un peu gay ? Il faut que tu te trouves une manière d'être COMPLÈTEMENT nouvelle. Que tu fasses en sorte que cette frénésie se calme, que toutes ces fausses obligations perdent leur importance, et le téléphone qui sonne, l'ordinateur et ses lumières, le petit engin qui bipe juste parce qu'un autre a un forfait illimité, que ça ne lui a même pas pris une seconde et rien coûté. Vas-y, il suffit de te lancer. Imagine le film de science-fiction le plus incroyable qui puisse exister, et qu'une autre personne – quelqu'un que tu connais, n'importe qui en fait, même moi –, imagine que cette personne est réelle. Avec un processeur aussi puissant, complexe et bourré de connexions que celui que tu possèdes.

Ça fera bouger l'axe de la terre.

Mona Simpson est l'auteur de N'importe où sauf ici, Bea Maxwell *et, dernièrement,* My Hollywood.

Jessica Soffer

Traduit de l'anglais par Bernard Cohen

Un

TU LA RENCONTRES À LA PÉPINIÈRE. Tu la rencontres alors que tu es complètement stoned. Tu la rencontres tandis que vous contemplez les différentes variétés de fleurs violettes et sa voix est douce et ferme à la fois. « Celles-là ont un parfum fantastique, dira-t-elle, mais elles ne dureront pas longtemps. »

Emmène-la dîner. Emmène-la à des concerts qu'elle appréciera plus que toi. Présente-la à tes amis, et réjouis-toi quand leurs épouses chuchotent qu'elle est tout simplement parfaite.

Laisse-la préparer des petits plats pour ton père. Et lui tricoter une écharpe. Laisse-le se montrer plus gentil avec elle qu'il ne l'a jamais été avec toi, ou avec ta mère. « Il est tellement perdu, sans elle », dira-t-elle en lavant sa vaisselle, sans avoir compris.

Souhaite qu'elle comprenne le deuil. Souhaite ne pas l'avoir connue. Souhaite avoir su demander à ta mère si elle était heureuse, pendant toutes ces années, ou si elle aurait préféré être seule.

Épouse-la parce que ses gènes ne sont pas rongés par la dépression. Épouse-la pour lui épargner la solitude. Épouse-la parce que tu ne penses pas que quiconque t'aimera plus qu'elle.

Reste avec elle à cause des enfants. Reste avec elle parce qu'elle ferme les yeux quand tu l'embrasses. Reste avec elle parce que à votre vingtième anniversaire de mariage, elle te regardera avec l'air d'y croire encore.

Pardonne-lui de ne t'avoir jamais excité. Pardonne-lui le fait que vos enfants ne voient pas le monde comme toi. Pardonne-lui de t'avoir laissé être tel que tu es. Et de t'avoir pardonné.

Deux

De nouveau à la pépinière. Tu la vois fixer ces fleurs violettes, les poings serrés, et tu te rends compte que cela fait bien longtemps que tu attends un peu de violence.

Tu la rencontres avec ta femme à ton côté, rangeant et réarrangeant les reçus dans son sac à main. Tu la rencontres au moment où tu as l'impression de ne plus fabriquer de souvenirs, au moment où il est trop tard pour qu'une chose pareille t'arrive.

Emmène-la dans la forêt pour qu'elle crie des menaces dans les arbres. Emmène-la dans la cabane où tu te soûleras et deviendras sincère. Emmène-la devant l'océan où tu parleras à ta mère, regarde-la se déshabiller et nager, en plein mois d'octobre. Emmène-la, prends-la.

Prends-la encore.

Laisse-la te dire la vérité sur ton compte. Laisse-la devenir la raison pour laquelle tu cours le soir, prends des photographies, dis à ton père ce que tu penses vraiment. Laisse-la produire des souvenirs et rendre tout plus douloureux, ou moins.

Tu regrettes que la peur n'ait pas pu t'arrêter. Tu regrettes que tout ça n'ait pas été qu'une petite prise de risque. Tu regrettes de ne pas avoir voulu emmener ta femme dans ce restaurant de grillades, ce coin du pays, cette maison abandonnée avec toutes ces fenêtres. Tu regrettes de ne pas savoir ce qui est le pire : être elle, ou « elle », ou toi. Tu regrettes de ne pas savoir ce que ta mère aurait dit. Tu regrettes d'être incapable d'en finir avec tous ces fichus regrets.

Ne l'épouse pas à cause des enfants. Ne l'épouse pas parce qu'il est impossible que ça dure, et si jamais c'était le cas… Ne l'épouse pas parce que quiconque t'a jamais compris n'a pu continuer à t'aimer.

Quitte-la parce qu'elle ne peut pas cesser de te dire comment tu es en réalité. Quitte-la parce que tu ne peux t'empêcher de la croire. Quitte-la parce que c'est trop.

C'est trop.

Pardonne-toi, parce que tu as toujours voulu fonder une famille. Pardonne-toi d'être allé aussi loin. Pardonne-toi, parce que tu as perdu ta mère avant d'avoir pu l'interroger sur l'espoir, jusqu'à quel point il est raisonnable, quand il devient excessif.

Trois

Rencontre-la.

Jessica Soffer, auteur de Tomorrow There Will Be Apricots, *enseigne l'écriture de fiction au Connecticut College.*

Rob Spillman

Traduit de l'anglais par Bernard Cohen

PRENONS UN LYCÉE DE GARÇONS de la côte atlantique. Les filles, ces aliens, sont enfermées dans leurs écoles de filles juste au bout de la rue. Plus jeune d'un an que tes camarades de classe, tu surprends des confidences sur tout ce qu'ils prétendent avoir fait à ces êtres mystérieux, inatteignables. Avant le lycée, vous avez vécu avec votre père, homosexuel et musicien, et votre monde était une scène d'opéra et des divas tourbillonnant tout autour. Vos nouveaux compagnons d'études sont des dieux de la crosse et, comme les dieux tout-puissants qu'ils sont, ils enlèvent les nymphes retenues au bout de la rue. Vous envierez leur virilité, leur assurance, leurs privilèges. Ils seront les maîtres de cette petite ville que vous finirez par fuir, et vous passerez le restant de votre vie à désapprendre à être un homme.

ROB SPILLMAN est le rédacteur en chef du magazine littéraire en ligne Tin House.

Matt Sumell

Traduit de l'anglais par Bernard Cohen

M.,

J'ai fait plein de trucs dans ma vie que je regrette (un tas), et parmi toutes les nombreuses excuses bidon j'ai toujours pu compter sur « l'erreur de jeunesse ». À chaque fois, je le disais : « Pas grave, je suis jeune, je m'en tirerai. » Je ne l'ai plus, maintenant. C'est peut-être pour ça que ce merdier-là m'a rendu encore plus nul que d'habitude, ou bien c'est à cause des derniers mots de ma mère sur son lit de mort : « Ne fais pas de mal aux femmes. » Je ne sais pas si ce sont les effets de toutes ces années de picole ou du choc. J'imagine que c'est un peu tout ça, mais aussi :

Tu comptes vraiment pour moi. Quel crétin je suis. Voici quelques fleurs. Je te vois jeudi.

Love,

M.

P.-S. : Je ne sais pas si tu vas me croire, mais me faire cogner – deux gnons, et je n'aurais sans doute pas volé un troisième –, c'était exactement ce qu'il me fallait. Ça provoque un éclair dans le cerveau qui perce le brouillard juste assez longtemps pour permettre d'apercevoir l'horizon et de changer de cap. Si ç'a un sens quelconque – j'ai vaguement piqué l'idée à Emerson, je crois –, donc, si ç'a un sens quelconque, je ne peux pas promettre que je m'y tiendrai. Pour le moment, en tout cas, j'ai l'impression de mieux savoir où je vais. Et donc, merci de m'avoir sonné les cloches.

MATT SUMELL *achève actuellement son premier recueil de nouvelles,* Making Nice.

Manil Suri

Traduit de l'anglais par Dominique Vitalyos

KRISH TENTE DE ME REMONTER LE MORAL chaque fois que je déprime. « Les choses auraient pu être pires. Tu aurais pu renaître fourmi. Après quoi, tu sais combien d'existences il t'aurait fallu pour atteindre le stade où tu en es ? » Il entreprend de m'expliquer une fois de plus les lois du karma. « Tout dépend des péchés que tu as commis auparavant, quoique, en réalité, ce soit un peu la roulette. Regarde-moi, par exemple. Condamné à être un chien comme toi, et je n'ai même pas tué. Mais à qui peut-on se plaindre ? »

Je préfère ne pas insister sur ce que j'ai fait dans ma vie précédente. C'était un accident, je maintiens, pas un crime. De toute façon, personne ne mérite une existence pareille. Vivre dans la rue, se nourrir de rebuts. Chercher un lampadaire chaque fois qu'on veut se soulager. Des démangeaisons si fortes qu'on voudrait s'arracher la peau.

Ça n'aurait pas été aussi dur si on avait effacé

mes données mémorielles. La maison que je possédais, la vie que je menais. Les déplacements confortables en voiture avec chauffeur. Et les femmes, ah les femmes ! Comme elles étaient délicieuses, comme elles sentaient bon. Maintenant je n'ai que moi à renifler pour me distraire. Je suis las d'être un chien. Je voudrais être un homme.

« Comme tout le monde ! » commente Krish. Il me rappelle tout le bien à accomplir pour en arriver là. « Chacune de tes actions te rapporte des points positifs ou négatifs. Un bâtard errant a déjà bien de la chance s'il renaît avec un pedigree. Pour brûler les étapes jusqu'au niveau supérieur, il faudrait qu'il se soit sacrément distingué. »

Le problème, c'est que dans une vie canine, les occasions d'acquérir du mérite sont plutôt rares. Il n'y a que des Lassie ou des Rintintin pour rencontrer des demoiselles en détresse. Ma bonne action la plus louable, jusqu'ici, a été de sauver un poulet de la poubelle. Ce qui, selon Krish, ne compte même pas, vu que le poulet était cuit et déjà mort.

Il me promet qu'une occasion se présentera pour moi, que je dois juste savoir la saisir. Et voilà justement qu'on entend monter un cri de la rivière, un jour qu'on traverse un pont. Une fille est tombée dans la flotte. « Fonce ! » dit Krish. Je passe la tête entre les barreaux de la rambarde. Une foule s'est assemblée sur la berge, des gens désignent du doigt une forme qui tournoie paresseusement dans le courant.

L'eau a l'air froide, profonde. Est-ce que je sais seulement nager ? Je fais semblant d'être trop gros pour passer entre les barreaux, je grogne, j'aboie, je me démène. Krish voit bien que c'est du flan. Mon corps est si maigre qu'il passerait par la fente d'une boîte aux lettres. Il secoue la tête : « Si tu n'y vas pas, moi, j'y vais. » Et il saute.

Le courant est plus vif qu'il ne le pensait. Il parvient jusqu'à l'enfant, saisit même un pan de son vêtement entre ses dents, mais la rivière les emporte tous les deux. En courant le long de la berge, je tombe sur son corps sans vie, un morceau de tissu entre ses mâchoires serrées, la fille morte, gorgée d'eau, à côté de lui.

Après cet épisode, ma honte met un temps fou à s'évacuer. Ma déception aussi, car Krish s'est sûrement réincarné en homme, grâce à son exploit. Quel idiot j'ai été de m'inquiéter pour ma sécurité ! Être tué, c'est ce qu'il y a de plus efficace : on m'aurait fait passer dans la file VIP et je serais rené homme vite fait. Mais alors que je désespère de mon avenir, voilà qu'une nouvelle occasion se présente.

Le garçon porte des écouteurs, il est en train de rédiger un texto sur son portable et il pose un pied sur la chaussée pour traverser. Ne voit-il donc pas le camion qui se rue sur lui à tombeau ouvert ?

Je me précipite devant lui et j'aboie de toutes

mes forces à ses pieds. Il tombe à la renverse, hors de danger. Le camion fait une embardée et va s'écraser contre un immeuble.

Une foule s'assemble autour de nous. Je m'attendais à me faire aplatir, mais je m'en sors avec deux ou trois contusions. Une femme m'enveloppe dans une couverture, me proclame héros. Un facteur me gratouille derrière l'oreille, un groupe d'enfants ravis me roucoulent des mots tendres, le garçon que j'ai sauvé me fait même des papouilles.

Soudain, le conducteur du camion arrive vers nous en hurlant : « Ça va sauter ! » et j'ai juste le temps de remarquer que le véhicule est un camion-citerne. L'explosion est si violente qu'elle souffle une bonne moitié du bâtiment dans lequel il s'est encastré.

L'inquiétude me saisit : je vais récolter des points négatifs si quelqu'un a été tué. Heureusement, le conducteur a survécu, tous les gens autour de moi ont l'air saufs, les enfants pleurent, mais semblent indemnes.

J'essaie de consoler le petit en larmes à côté de moi en lui léchant les joues. Il ferme les yeux et s'immobilise, puis ravale ses sanglots en gargouillant. Sidéré, je vois ses traits se dissoudre brusquement, comme dans un film d'horreur. Ma langue emporte des morceaux de sa joue.

Je me tourne vers la femme et la voilà qui s'agrippe la poitrine sous l'effet du choc. Son nez glisse vers sa bouche et s'y enfonce, elle se décompose sous mes yeux. Le conducteur du camion, le facteur, les autres spectateurs, tous semblent subir le même sort.

Je fuis la scène ventre à terre. Les voitures se percutent de tous côtés, les gens fondent en petits tas par terre, avec cette même expression de surprise horrifiée. Je continue à courir jusqu'à ce que la nuit dérobe à ma vue ce spectacle d'épouvante.

Il y a une semaine, à présent, que l'accident a eu lieu. Apparemment, l'immeuble abritait un laboratoire de recherche médicale et l'explosion a libéré un produit délétère. Les chiens sont immunisés, si j'ai bien compris, mais pour le genre humain, c'est peut-être la fin du film.

Errant dans les rues désertes, je me demande ce que Krish aurait pensé de tout ça. Quel sens y a-t-il à vouloir être un homme quand l'humanité n'existe plus ? Pour moi, ça n'a sans doute aucune importance, je ferais mieux de profiter de cette existence pendant qu'elle me tient, si lugubre soit-elle. Qui sait combien de vies il me faudra traverser pour retrouver le niveau d'un chien ?

Professeur de mathématiques à l'université du Maryland, MANIL SURI *est également écrivain. Il est l'auteur de trois romans traduits en français :* La Mort de Vishnou, Mother India *et* Bollywood Apocalypse.

Daniel Torday

Traduit de l'anglais par Bernard Cohen

1. AU DÉPART, ça s'écrivait avec un « m ». Pareil que « Rome ». À Ellis Island, les employés de l'immigration ont ajouté le second « m ». Personne ne sait pourquoi. Home s'est transformé en Homme.

2. Toutes les familles heureuses peuvent l'être de la même façon mais les Homme, eux, étaient soit éperdument, follement, hystériquement heureux, soit déprimés. C'est pareil pour chaque Homme. Il n'en existe pas un seul, à notre connaissance, qui s'en tienne au juste milieu.

3. Enfin, il y avait Oncle Torvald.

4. Personne n'aimait Oncle Torvald. On ne l'invitait jamais aux mariages ou aux bar-mitsvas, et lors des enterrements il occupait le dernier rang. Il était tellement équilibré, Oncle Torvald. Il aurait été difficile de trouver un seul Homme dans tout

Boston et sa banlieue qui aurait dit du bien de l'Homme Torvald.

5. Après la quatrième bière, parler politique au dîner n'est jamais une bonne idée. Surtout avec Oncle Torvald le modéré. Ce type était tellement neutre qu'il vous donnait envie de balancer des coups de poing dans tous les sens. Aussi déprimé ou heureux que vous puissiez être. Vous vous disiez hostile à l'avortement ou favorable à la vente libre d'armes, et le voilà qui se mettait à prêcher la compréhension ; le contraire, et il citait le Lévitique. Et ne parlons pas de l'adultère : posé comme il l'était, il aurait pu vous convaincre qu'il n'y avait pas de mal.

6. Au point 5 ci-dessus, on obtenait le même résultat si on remplaçait bière par « old fashioned », ou « manhattan », ou « white russian ».

7. Il y a eu la fois où Oncle Torvald s'est mis à serrer de près Tante Lucia au mariage d'Hyman Home. Hyman était le seul Homme à avoir refusé le second « m », et voilà qu'Oncle Torvald draguait la femme de son propre cousin.

8. Peut-être qu'Oncle Torvald ne savait pas que Tante Lucia était l'épouse d'Oncle Shy.

9. Ou peut-être qu'il avait oublié qu'Oncle Shy était devenu quadriplégique après le fameux

Accident du Plongeoir dans la piscine du jardin de Bubby.

10. Si Oncle Torvald avait été hystériquement heureux à ce moment-là, il aurait peut-être pu se faire pardonner.

11. Ou bien déprimé.

12. Mais quand on l'a trouvé dans les toilettes du Hilton avec son caleçon au ras du sol et Tante Lucia levant sur nous des yeux qui se voulaient innocents – personne n'est innocent, chez les Hommes –, nous n'avons pas eu d'autre choix que de traîner Oncle Torvald sur le parking pour lui montrer ce que c'est, être un Homme.

13. La cinquième bière a essentiellement le même effet que la quatrième.

14. Au point 5, on peut remplacer le mot « bière » par « gin Gibson », ou « manischewitz », ou « rencontre avec Tante Lucia ».

15. Oh, nom d'un petit bonHomme, qu'est-ce qu'on détestait Oncle Torvald !

16. Parfois, on entend dire que les juifs sont des mous. Ceux qui disent ça, amenez-les-nous.

17. Ceux qui disent ce genre de chose n'ont certainement pas connu Oncle Torvald. Il a survécu à la Râclée du Parking, après tout. Ça en dit long. Des briques ont été utilisées, ce soir-là. Et des bouteilles cassées.

18. N'empêche, il a arrêté de faire le *meshuga* avec Tante Lucia.

19. Il faut lui reconnaître ça, à Oncle Torvald : il n'en a même pas gardé rancune. Il a tendu l'autre joue. Compréhension. C'est exactement ce que je disais, cette modération qui a de quoi vous faire perdre la boule. Ce n'est pas être un Homme, ça. Pas un Homme de Boston, non.

20. Donc, il suffit de se demander : que ferait Oncle Torvald dans cette situation ? Et de faire exactement le contraire. Ou mieux encore, de ne rien se demander du tout.

21. Man. Avec deux « n ». Comme le prononcerait un Jamaïcain. Ou un Allemand. Man.

DANIEL TORDAY, *qui dirige le cours d'écriture créative à l'université de Bryn Mawr, est l'auteur de* The Sensualist, *prix Goldberg du premier roman de l'Association américaine du livre juif.*

Monique Truong

Traduit de l'anglais par Marc Amfreville

ELLE TOURNA TROIS FOIS AUTOUR DE MOI. Chaque révolution complète lui prenait environ une demi-heure. La première fois, je ne vis que ses bottes en caoutchouc noires et son pantalon. La deuxième, une parka orange fluo, à la capuche relevée. La fermeture Éclair argentée qui maintenait le vêtement fermé montait plus haut que son cou et atteignait l'arête de son nez. Je ne vis que ses yeux, mais je compris que ce n'était pas elle.

Elle avait été la première de l'équipe à arriver. Au bout du compte, il y en aurait trente de plus, se précipitant vers moi comme si je risquais de m'enfuir. Je n'ai pas remarqué si c'étaient des garçons ou des filles. Ils couraient tout simplement trop vite, le sable soulevé par le vent leur faisait plisser les paupières et rendait leurs yeux vitreux. Je ne suis pas sûr de ce que « au bout du compte » veut dire, mais nous avons passé environ une heure ensemble. Elle me tournait autour comme une lune en orbite, à première vue, mais en fait, c'était moi la lune, et elle, l'astronaute enfermé dans son caisson.

Elle a passé de nombreux coups de fil pendant que nous étions encore seuls. « Allô, c'est Setsu à l'appareil. » Elle semblait hors d'haleine. « Très maigre, mais aucune blessure visible », expliquait-elle.

Ravi de faire ta connaissance, Setsu. J'ai vingt ans, je suis de sexe masculin. Peut-être me donneras-tu un nom, après tout ça.

Setsu sautillait sur place pour se réchauffer, son torse orange se soulevait et retombait, se découpant contre le ciel gris piqueté. Le spectacle me réchauffa moi aussi et je m'endormis.

« J'ai appelé Coastal Studies. Mon responsable est en train de rassembler l'équipe. Mon Dieu ! Je n'arrive pas à y croire. Pourtant, c'est bel et bien en train de m'arriver, à moi, alors que c'est ma putain de première semaine ! » criait Setsu dans son portable quand je me suis réveillé.

Setsu aime beaucoup parler au téléphone.

Elle a peur de rester seule avec moi. Ce n'est pas quelque chose à quoi j'ai réfléchi, seulement une impression fugitive, comme la température de l'eau qui change.

« Il faut que je raccroche, Josh. On dirait que ça bouge. »

Setsu a rangé son portable dans une poche avant de sa parka. Elle a tendu la main pour me toucher la tempe, puis l'a vivement retirée, durant une seconde j'ai cru qu'elle allait me gifler avec l'autre.

Au lieu de ça, elle a de nouveau sorti son téléphone de sa poche et m'a pris en photo.

Appareil photo-téléphone, tissu hydrofuge, ses iris marron bordés de bleu. Je me plais assez ici.

Pas à pas, elle avait entrepris de réunir un dossier sur moi. Est-ce qu'on va m'emmener quelque part, Setsu ?

Setsu est une vraie scientifique.

Setsu a la couleur d'une orange.

Je me demande ce qui me séduit le plus.

Elle n'est pas celle que j'attendais, mais en ce moment, c'est elle qui est là. J'ai vingt ans, et je suis de sexe masculin. Le moment présent, voilà ce que je devrais vouloir saisir.

Setsu sautille sur place, mais elle n'est pas du tout celle que j'attendais.

Setsu va trouver toutes les autres photos, et puis le rapport, la liste de toutes les questions sans réponses qui figurent au dossier.

C'était environ à six kilomètres en remontant le long de la côte. J'avais parfaitement calculé mon coup, cette fois. Si je m'étais trompé et retrouvé plus au sud, je serais tombé sur la zone d'intervention d'un autre groupe, la Riverhead Foundation, par exemple. Coastal Studies, c'était bien ce qu'on lisait sur sa parka orange, et comme un client insatisfait, j'étais revenu déposer ma plainte.

L'équipe arriva et glissa un coussinet sous mon abdomen. Ils enveloppèrent ensuite mon bas-ventre dans une espèce de corset et me tirèrent en arrière dans la marée montante. À la fin, j'aperçus des caméras de télévision. C'étaient des journalistes. Tous répétaient, comme une incantation : « C'est une nouvelle méthode de sauvetage. »

Elle, la première, était restée à mes côtés. Durant tout ce temps, son corps vibrait. Même si j'étais beaucoup plus fort cette fois-là, je m'affaiblis en l'entendant. Le canot à fond plat qui faisait l'essentiel du travail rencontrait peu de résistance. En dépit des pulsations à basse fréquence qui montaient de son corps et qui me berçaient, accompagnées de ses « Oui, oui, oui », elle reprit le chemin du rivage, applaudissant et poussant des hourras avec les autres tandis que je disparaissais au large.

L'océan n'était pas assez profond pour contenir ma déception, ma colère, ma douleur.

Cet été, j'avais vu mon frère près du golfe du Mexique. Il m'avait expliqué que c'était une sorte de faiblesse congénitale. Notre père, à Breezy Point. Notre oncle, à Pittenween. Il y a deux mois, mon frère a ajouté son nom à la liste. Il a choisi la côte sud de l'île de Sainte-Croix.

Le corps de Setsu ne bourdonnait pas, mais il n'était pas non plus complètement silencieux. Avant qu'ils arrivent et s'attroupent autour de nous, elle se mit à pleurer. Elle s'assit dans le sable, à quelques pas de moi, comme pour éviter mon regard. Comme si elle savait.

MONIQUE TRUONG est une auteur américaine d'origine vietnamienne. Elle a publié, entre autres, Le Livre du sel *et, plus récemment,* Bitter in the Mouth.

Luis Alberto Urrea

Traduit de l'anglais par Bernard Cohen

VÊTUS DE LEURS PLUS BEAUX HABITS, ils attendaient le Vieux. Billy ne possédait pas de costume, mais il s'était arrangé pour dégoter une cravate quelque part. Il s'est posté devant la fenêtre et il a regardé le Vieux arroser le jardin.

« Qu'est-ce qu'il fait, maintenant ? a demandé sa sœur.

— Attends.

— On va être en retard !

— Attends, c'est tout. »

Elle a jeté un coup d'œil à son mari dans le salon, avec une moue contrariée. Ce soûlard de Billy était le préféré du Vieux, Monsieur Poigne-de-Fer. Elle a soupiré. Son frère s'était coupé les cheveux, au moins.

« Il est en train de se salir », a-t-elle remarqué.

Billy observait Pops qui piétinait dans la terre, tachant de boue ses brodequins et ses manches de chemise. Ce costume marron devait avoir au moins cinquante ans, mais son feutre avait de l'allure. Il a souri.

« J'ai besoin d'une clope », a-t-il annoncé. Sa sœur ne fumait pas. « Démarre la voiture, je vais le chercher. »

Il est passé de la pénombre de l'intérieur à un espace rempli de lumière, de jeunes feuilles et de papillons. Bonne odeur de boue fraîche. Il a allumé sa cigarette. Pops arrosait maintenant son pommier.

« Il se fait tard, Pops… »

Le Vieux a fermé le robinet.

« Fiston, a-t-il lancé, on a planté cet arbre le jour où tu es né. »

Il avait raconté ça à Billy deux mille fois.

Son fils a tiré un mouchoir de sa poche.

« Tu as de la terre sur tes chaussures. »

Pops s'est appuyé sur l'épaule de son fils agenouillé à ses pieds pendant que celui-ci s'activait.

« Est-ce que c'est affreux, Billy ? » a-t-il soufflé.

Il a entraîné son père vers la maison. Pops s'est arrêté devant un parterre d'œillets rouges. Il en a cueilli un, l'a porté à son nez.

« Les préférées de votre mère. »

Billy a lancé son mégot au loin.

« Ce n'est pas si affreux, Pops. Pas vraiment. On croirait qu'elle dort. »

La voiture attendait.

« Ça va si je jette cette fleur avec elle ? » a demandé son père.

Billy l'a pris par le coude. Entre ses doigts, son bras était comme une branche fragile. À cet endroit, le trottoir était en mauvais état. Inégal.

« Pas de problème, Pops. Promis. »

Sa sœur a ouvert la portière.

Pops l'a saluée en inclinant légèrement son feutre, puis il est monté.

Luis Alberto Urrea est un romancier et poète mexicain-américain. L'un de ses livres, The Devil's Highway, *a été sélectionné pour le prix Pulitzer en 2005. Son dernier roman en date est* Queen of America.

Juan Gabriel Vásquez

Traduit de l'espagnol par Isabelle Gugnon

À DROITE après les portes coulissantes, la salle d'attente : une sorte d'aquarium carré avec des fauteuils bas au tissu orange élimé par le contact des corps impatients. En entrant, Javier ne reconnaît rien et cela le rassure ; il s'assoit sous le téléviseur suspendu en hauteur comme un œil scrutateur et a envie de prendre son téléphone et de faire semblant de parler, juste pour se donner une contenance, puis il aperçoit Ricardo Rocha qui traverse le hall de l'hôpital en discutant avec un médecin. « Rien, rien, dit Ricardo. Il faut attendre. » Javier le voit s'avancer dans sa direction, lui tendre la main puis se raviser pour lui donner une accolade. Cette hésitation fugace le préoccupe. Il songe ensuite qu'il est idiot de s'inquiéter : Ricardo ne peut pas savoir.

De l'accident, Ricardo ne sait avec certitude qu'une chose : le lieu où il s'est produit. Un virage sur une route de montagne, à mi-chemin entre les hautes terres de Bogotá et la vallée suffocante du fleuve Magdalena. Dans certaines versions, la moto de Guadalupe dérape sur les restes d'un éboulement récent ; dans d'autres, elle double un camion alors qu'elle n'aurait pas dû. Mais tous les comptes rendus se concluent de la même manière : Guadalupe faisant un brusque écart pour ne pas heurter de plein fouet l'autocar qui arrive en sens inverse à soixante kilomètres à l'heure, elle glisse sur le bitume brûlant, à cheval sur la moto comme une danseuse qui perd l'équilibre, jusqu'à ce que son corps s'écrase contre une de ces pierres peintes qui servent de stèles funéraires aux habitants du coin. Il semblait miraculeux que le choc à la tête ne l'ait pas tuée sur le coup. À présent, on l'a trépanée pour que le sang s'évacue.

Javier écoute les détails avec sympathie, comme on écoute un ami d'enfance, mais son esprit est ailleurs : dans la pièce aux carreaux blancs où Guadalupe mène un combat inégal contre la mort. Ricardo lui parle du corps étendu, le bras gauche égratigné, la rotule gauche déplacée par l'impact, la moitié du visage violacée, un pourpre qui tire sur le noir. Il parle des mèches de cheveux coincées à l'intérieur du casque, du casque lui-même, des bosses qui en ont altéré la couleur, exactement comme le visage de Guadalupe.

Quand, à quel moment exact s'opère le changement ? Quand Javier se rend-il compte, non sans effroi, que l'absence de Guadalupe transforme le passé ? Plus tard, il essayera de le déterminer comme on relit une carte routière après avoir établi son itinéraire : lent, indécis, Javier entre dans une nouvelle vie, comme si quelqu'un lui avait pardonné, lui qui n'a pas droit au pardon, lui dont les actes ne sont pas dignes du pardon des hommes. Dans cette salle d'attente d'hôpital, entouré d'inconnus, Javier commence à comprendre ce que sera un monde où nul autre que lui ne sait, un monde où il n'aura pas commis les actes qu'il a commis, où il sera un homme – et l'adjectif est en soi une impertinence, une provocation – neuf.

JUAN GABRIEL VÁSQUEZ est colombien, auteur du recueil de nouvelles Les Amants de la Toussaint *et des romans* Les Dénonciateurs, Histoire secrète du Costaguana *(prix Qwerty, Barcelone ; prix de la fondation Livres & Lettres, Bogotá),* Le Bruit des choses qui tombent *(prix Alfaguara 2011 ; English Pen Award 2012 ; prix Gregor von Rezzori, Città di Firenze, 2013) et* Les Réputations.

Daniel Wallace

Traduit de l'anglais par Bernard Cohen

JE ME SOUVIENS de ce vieux perché à la fenêtre de son deuxième étage, laiteux derrière le verre épais, nous fixant des yeux, nous, les gosses en bas, comme si nous étions des mulots et lui l'épervier affamé. Il nous arrivait de jouer dans sa cour mais je ne lui ai jamais parlé. Je me disais, dans mes cauchemars, qu'un jour il allait fondre sur nous, s'emparer de l'un d'entre nous, nous serrer dans ses bras jusqu'à nous réduire en miettes, se repaître de nos vies pour nourrir son corps de poulet rachitique, puis attendre que son regard capture un autre enfant et continuer à survivre, pour l'éternité. Cela n'a pas été le cas, pourtant : un jour, il est mort. Quand on est jeune, la mort existe sur un plan différent, comme les nuages. Je me souviens seulement que j'ai porté une veste et une cravate pour la première fois, et des chaussures tellement serrées que mes orteils saignaient, dans une église où nous n'allions jamais, envahie par une odeur d'inconnu et de vieux. Après, nous sommes tous allés chez lui, où je n'étais encore jamais entré. Sa femme tremblait dans un gros fauteuil vert, sans même pleurer : je crois qu'elle n'avait plus de larmes. J'ai mangé un petit sandwich, je suis sorti pour voir s'il était toujours à la fenêtre, et il y était. Je m'y attendais. Il m'a fait un signe tout à fait amical et, je ne sais pas pourquoi, je lui ai répondu. J'avais la gorge serrée. Et puis il a disparu, s'évanouissant dans l'obscurité, et je ne l'ai plus jamais revu là. Je n'en ai parlé à personne. Je n'ai pas compris ce que cela pouvait signifier parce que même à ce jeune âge, je savais déjà que je ne croyais en rien. Je l'ai certes raconté à ma femme, vingt ans après. Nous étions au lit, dans la pénombre. L'histoire lui a fait peur, mais pas autant qu'à moi. Elle a dit : « On ne part qu'autant qu'on le désire, voilà ce que ça signifie », puis elle a pleuré parce qu'elle n'avait jamais voulu savoir que tout ça, ce que nous avions, ce monde tout neuf qui existait pour nous, ne suffisait pas. « Ça signifie que je ne peux pas t'aimer pour toujours », a-t-elle dit aussi, et elle avait raison.

DANIEL WALLACE est l'auteur de cinq romans, notamment Big Fish, *dont Tim Burton a tiré un film. Le dernier paru est* The Kings and Queens of Roam.

Jess Walter

Traduit de l'anglais par Julien Guérif

CET ENCULÉ S'EST ENCORE BARRÉ. Quel connard d'égoïste. Il ne grandira jamais. Pourquoi en était-elle encore surprise ? Marcus était un lâcheur, il ne tenait pas en place, il disparaissait toujours au milieu de la nuit. « J'ai l'impression de sortir avec Houdini », disait-elle jadis à ses amies. Maggie aurait pu le menotter, lui mettre une camisole de force ou l'enfermer dans une malle de voyage, quand sonnaient 3 heures du matin, Marcus trouvait toujours un moyen de s'en aller sur la pointe des pieds, ceinture défaite et chaussures en main. Par peur de s'engager.

« Rester le lendemain matin, c'est pas mon truc », disait-il, comme pour lui rappeler qu'il allait continuer à baiser d'autres femmes.

Non, elle n'était pas surprise. Trois ans plus tôt, lorsqu'ils s'étaient rencontrés, Marcus était un homme immature, un minable coureur de jupons. À l'époque, ça ne la dérangeait pas. Mais après dix-huit mois d'un mariage précipité par sa grossesse, un autre mari merdique était la dernière chose dont elle avait besoin. Comment un homme aussi satisfait de lui-même pourrait-il un jour changer ?

Honnêtement, ce qui la gênait le plus… c'était d'en être gênée. Elle savait où elle mettait les pieds la nuit dernière. Elle n'avait qu'une chose en tête : sentir son corps, s'abandonner. Avec Marcus en elle.

D'où venait cette impression d'échec maintenant qu'elle se réveillait seule… une féministe ratée, une existentialiste ratée… autre chose ? Tirer son coup ne suffisait pas ? Sentir son odeur dans le lit, voir l'empreinte de sa tête sur l'oreiller, et se dire… on a bien baisé. Parfait. Passons à autre chose.

Mais elle se sentait vidée, au bord des larmes, persuadée qu'elle allait passer le restant de ses jours à incarner un cliché bidon : une mère célibataire, seule et amère, ressassant les tests des magazines féminins chaque fois qu'elle se séparait de Marcus (« Va-t-il enfin s'engager ? »). Pire encore, ça lui évoquait le mot favori de sa mère : *utilisée*. Ce putain de mot. Personne n'avait utilisé personne ; pourquoi avait-elle l'impression qu'on l'avait baisée et jetée ? Elle mourait d'envie de traîner quelqu'un en justice : sa mère, Marcus, les filles de sa classe de quatrième, l'Église catholique… Pourquoi pas organiser un recours collectif contre les inventeurs du mot *utilisée* ?

Peut-être étaient-ce juste les circonstances, le lieu et l'heure, qui la mettaient dans un tel état ? Le choc de l'avoir revu pour la première fois depuis six mois, de le voir arriver à la veillée. (« Ça aurait fait enrager ton père de me voir ici, hein ? ») Le costume lui allait si bien, avec ses épaules et sa taille de cycliste, le Jameson avait coulé à flots, Marcus s'était mis à débiter ses histoires, c'était si bon de rire, de l'entendre s'excuser pour son long silence, des bobards, mais c'était… agréable. Alors qu'ils repartaient vers leurs voitures, elle avait prié pour qu'il dise quelque chose, n'importe quoi. Il avait suffi qu'il la regarde et qu'il dise : « Bon… » Elle s'était retrouvée sans défense, incapable de peser le pour et le contre… incapable de réfléchir, parce que à cet instant, l'univers s'était réduit à deux possibilités : être seule ou avec Marcus. Et la nuit dernière, elle ne pouvait pas rester seule.

Maggie se rassit dans son lit, ses yeux se posèrent sur sa poitrine. Y avait-il un bénéfice durable à ce qui s'était produit cette nuit, un résidu quelconque ? Elle n'avait pas fait l'amour depuis six mois, et maintenant ça remontait à six heures. Les caresses avaient-elles encore un effet le lendemain, une valeur ? Elle ne sentait plus ses mains, elle ne sentait plus rien. Juste de la tristesse. Un gouffre béant de solitude. C'est en cherchant de l'Advil dans sa table de nuit qu'elle la remarqua, par terre, roulée en boule derrière la porte de la salle de bains. Une veste de costume grise.

Puis elle entendit des voix, distantes, dans la cuisine. Elle se leva, mit sa robe de chambre et descendit l'escalier.

Dustin était debout sur une chaise, face à Marcus. Ils étaient à la même hauteur, à trente centimètres de distance, torse nu, chacun tenant une cravate. Ils les avaient enroulées autour de leur cou. Marcus en caleçon, Dustin dans son pyjama Transformers.

« Fais comme moi, dit Marcus. Comme si tu te regardais dans une glace. »

Les omoplates de Dustin saillaient de son petit dos pâle.

« On traverse les bois, dit Marcus.

— On traverse les bois, dit Dustin.

— On franchit la colline, dit Marcus.

— On franchit la colline, dit Dustin.

— On fait le tour.

— On fait le tour.

— On passe derrière.

— On passe derrière.

— Et au travers.

— Au travers.

— Parfait. Maintenant tourne-toi et montre-la à ta mère », dit Marcus.

Dustin fit volte-face. Son visage s'illumina en découvrant sa mère dans l'encadrement de la porte. « Regarde, dit-il, j'ai la cravate de grand-père. »

La cravate était bleue, bleue avec des petits drapeaux rouges. Elle tombait à ses pieds. Dustin avait dû la récupérer au salon, dans le carton envoyé par la belle-mère de Maggie. Il l'avait entortillée en l'un de ces nœuds impossibles qu'il faisait toujours avec ses lacets.

Maggie se dit alors qu'il n'existait qu'une seule forme de douleur : triste, heureuse, excitée, saoule, désolée, satisfaite, désespérée, seule. Ces sentiments paraissaient différents, mais ils venaient tous de la même source, apaisante et insoutenable.

Marcus avait fait du café. Il lui tendit une tasse. Elle en but jusqu'à ce qu'elle se sente capable de parler. Elle se tourna vers son fils et, dans un demi-soupir, parvint à lui dire : « Elle te va si bien, mon chéri. »

Jess Walter est l'auteur de Beautiful Ruins *et du recueil de nouvelles* We Live in Water, *ses deux ouvrages les plus récents.*

Terry Tempest Williams

Traduit de l'anglais par François Happe

I

« BON DIEU, je ne vais pas laisser un frère mourir dans cet atelier, dit-il aux hommes qui l'entouraient. Aidez-moi, bordel. »

II

« Ce n'est pas un chien, dit l'homme à sa femme tandis qu'ils rentraient chez eux en voiture, tard le soir. C'est un petit garçon déguisé en chien marron. »

Le garçon-chien se tourna vers la femme et sourit en grognant.

III

« Pardonne-moi », écrivit-il à sa fille, puis il alluma une autre cigarette. Bon, voilà, il l'avait dit ; pas besoin d'envoyer la lettre.

IV

« Messieurs, j'apprécie le fait que mes filles vous aient fait venir ici, chez moi, pour me convaincre d'aller vivre dans une maison de retraite. J'ai été très impressionné par votre présentation, mais je ne bougerai pas d'ici. »

Il gratta une allumette sur son ongle.

Une semaine plus tard, il mourait dans son lit. On l'enterra avec sa radio.

V

« J'ai dit que je ne voulais pas en parler… »

TERRY TEMPEST WILLIAMS *a publié de nombreux livres, parmi lesquels* When Women Were Birds *et* Finding Beauty in a Broken World.

John Wray

Traduit de l'anglais par Marc Amfreville

VOICI COMMENT MES ENNUIS ONT COMMENCÉ : j'ai suivi une petite blonde dans le parc. L'hiver avait été long et rude, et j'avais passé mon temps à m'abriter sous les ponts et à me repasser le film des scènes-clés de mon enfance. Pratiquement rien à manger, et peu de bois de chauffe. Les souvenirs de mes jeunes années et de la façon « différente » dont les choses se passaient durant ces jours bénis et joyeux étaient en conséquence ma seule source de chaleur pendant ces mois glacés. Des images me revenaient, comme produites par un stroboscope, tandis que, tapi dans le noir avec en main ma hache maculée de sang, j'attendais que passe sur le pont quelque chose ou quelqu'un qui vaille la peine d'être agressé. Comme le monde paraissait terne comparé à l'entrain et l'énergie de ce bon vieux temps, si infiniment doux à ma mémoire !

L'année où on a inventé l'électricité, par exemple, mes frères et moi étions si sales qu'on a cassé des couteaux à force d'essayer d'en glisser la lame sous nos ongles pour les récurer. Pour tenter de nous impressionner, notre père rapportait à la maison des trophées de plus en plus étonnants, dont le plus extraordinaire était cette enclume à laquelle je suis aujourd'hui enchaîné. Notre mère ne passait pas beaucoup de temps au foyer, parce qu'on l'avait enfermée. Depuis le début, il était clair qu'il y avait en moi quelque chose « qui ne tournait pas rond ». On a même pensé m'enfermer, moi aussi. J'ai fait de mon mieux pour me perdre dans les jeux de mes frères, jouer avec eux à celui qui pisserait le plus loin, ou à m'astiquer le poireau au-dessus d'une assiette de petits-beurres (et manger le tout ensuite avec un gros éclat de rire si je lâchais la sauce), mais je voyais bien au fond que la vie de famille, ça n'était pas pour moi. Je songeais aux espaces verts rectangulaires à demi clos des banlieues. Je rêvais des grandes allées et des pelouses du parc.

Avec le temps, mes frères me sont devenus étrangers, et j'ai fini par ne même plus les reconnaître. Mais eux, ils gardaient un œil sur moi, vous pouvez en être sûrs ; et quand par un beau jour d'automne – après des années passées à tenir les comptes de la famille pour que tout soit nickel, à nettoyer derrière eux après leurs frasques, à quitter la maison avant le lever du jour tous les matins pour m'embusquer sous les ponts et dans les allées obscures de la ville afin d'être sûr de ne pas revenir les mains vides –, quand, après tout ça, j'ai finalement résolu de suivre la petite fille, avec ses tresses blondes, dans le parc, tous ces gens m'ont sauté sur le râble en moins de temps qu'il n'en faut pour dire ouf. « Cette fois, on te tient par la peau des fesses, Johnny », m'ont-ils sifflé dans les oreilles, et je ne pouvais pas dire le contraire. Je me suis débattu un court instant, et puis ils m'ont ramené à la maison, et enchaîné à cette enclume. Ils étaient si nombreux que je n'aurais pas pu les compter. Mon père était quelque part dans la foule, je le savais, il ricanait en faisant tinter ses gourmettes et ses breloques. Ma mère, non, parce qu'elle est enfermée. Sans même avoir eu le temps de m'en rendre compte, j'étais devenu un homme.

JOHN WRAY est l'auteur de The Right Hand of Sleep, Canaan's Tongue. *Son dernier roman s'intitule* Lowboy.

Tiphanie Yanique

Traduit de l'anglais par Bernard Cohen

J'AI TROUVÉ LA VIDÉO. Elle était dans un boîtier blanc. Mon père et moi, on regardait ensemble tous les films de kung-fu qu'il possédait. Notre préféré, c'était *Le Dernier Dragon*. Il en raffolait parce que le héros était un Noir fort et combatif, et moi parce que ma mère disait toujours que je lui ressemblais.

J'avais dit à mes parents que je regarderais le match pendant qu'ils seraient sortis, mais dès que j'ai été seul, je me suis agenouillé devant la collection de films de kung-fu et j'y ai trouvé un boîtier sans titre que je n'avais jamais vu.

J'ai passé deux sachets de pop-corn extra-beurré au micro-ondes, tiré le fauteuil de Papa devant la télévision et poussé la cassette dans la fente de l'appareil jusqu'à ce qu'il l'avale.

Pas de générique ni de présentation, seulement une feuille de papier sur laquelle était écrit « BIG MOMMA ». Encore plus maladroit qu'un projet pour l'atelier vidéo du lycée. Une voix de femme, qui réclamait quelque chose. Quand la feuille n'a plus été là, il y a eu ma mère sur l'écran, nue.

Elle était étendue sur un lit, les cuisses écartées. Jeune, peut-être autant que moi. Une touffe afro sur la tête, une autre entre les jambes. Elle était plus mince que je ne l'avais jamais vue.

J'ai continué à manger le pop-corn, que j'enfournais par poignées entières dans ma bouche. Je ne sais pas pourquoi, mais j'étais pris du besoin de finir ces deux paquets. Sa voix encore, s'adressant à la caméra : « Viens par ici, mon grand. » Mon père est apparu. Grand, élancé, pareil que moi. Lui aussi avec une coiffure afro qui a fait comme un halo satanique autour de sa tête lorsqu'il l'a montée, direct comme ça. Elle a attrapé ses hanches entre ses cuisses. Il a incliné le torse jusqu'à toucher ses seins.

J'aimerais pouvoir raconter que j'ai arraché la cassette du magnétoscope. Ou que j'ai envoyé valser mon pop-corn et que je suis parti en courant. La vérité, c'est que je n'éprouvais qu'une seule sensation : cette femme, ma mère, était belle et sexy, et ma queue était dure comme la pierre. Peut-être que le désir n'est qu'une question d'instinct. Je ne sais pas. Je suis simplement resté dans le fauteuil, penché en avant. Engouffrant du pop-corn tel un automate. Dès que je finirais le paquet, je couperais la vidéo. C'était plus ou moins comme ça que je voyais le truc.

J'ignore aussi ce que cela dit de moi, mais franchement, à ce moment, j'ai eu l'impression de comprendre où les gens veulent en venir quand ils disent qu'on finit toujours par épouser sa mère. Cette femme sur la vidéo aurait pu être ma petite amie, éventuellement.

Ensuite, elle a grimpé à califourchon sur mon père. Avec l'angle de l'objectif, je l'ai vu se glisser entièrement en elle, aller et venir. Les bruits qu'ils faisaient n'évoquaient aucun film de kung-fu. Et ce qu'ils disaient…

Quand il n'est resté que quelques grains de maïs, j'ai posé le paquet par terre. Maintenant, ils me tournaient le dos, elle à quatre pattes, lui debout, les muscles de ses fesses se raidissant et se relâchant. J'ai sorti mon sexe de ma braguette.

« Allez, viens maintenant, a-t-elle soufflé, fais-moi mal. » Même de profil, je devinais que ses traits étaient déformés. Brusquement, j'ai ressenti le besoin de la protéger. Il devrait arrêter, ai-je pensé ; moi, si j'étais lui, c'est ce que je ferais. À cet instant, ma mère a tourné la tête face à la caméra. J'ai joui dans mon poing, presque sans bouger la main.

C'est lui qui a parlé : « Tu sais bien que je n'aime pas quand tu me bouscules. » Pourtant, il s'est dégagé d'elle. J'ai respiré. J'étais soulagé que ce soit fini. Jusqu'à ce qu'il se tourne à son tour vers l'objectif, son visage semblable au mien, et qu'il s'agenouille entre les jambes de ma mère. Il l'a attrapée par la nuque exactement comme je l'imaginais.

Quand j'ai entendu la porte du garage s'ouvrir, j'ai su que je n'aurais pas une seconde devant moi. D'habitude, ma mère sortait en premier de la voiture et se hâtait d'entrer dans la maison, tant elle détestait l'odeur du garage. « Ça sent l'homme », commentait toujours mon père en me décochant une tape dans le dos. N'empêche, elle me rebutait, moi aussi. J'ai bondi sur le magnétoscope et enfin, Seigneur, enfin je me suis senti nauséeux comme il convenait. La cassette a pris tout son temps pour s'éjecter. Je l'ai saisie, puis le boîtier vierge – mes doigts poisseux laissant des marques dessus. J'ai couru jusqu'à ma chambre, braguette encore ouverte, et j'ai claqué la porte derrière moi. J'ai regardé tout autour, affolé. Si j'étais découvert, je serais forcé de m'enfuir de chez moi, je le savais. Je l'ai cachée sous mon oreiller puis, après avoir pris une douche, dans une boîte à chaussures. C'était il y a des années. Je l'ai toujours, cette vidéo.

TIPHANIE YANIQUE est l'auteur de How to Escape from a Leper Colony. *Elle a été sélectionnée pour le prix des meilleurs auteurs de moins de trente-cinq ans de la National Book Foundation.*

Mario Alberto Zambrano

Traduit de l'anglais par Bernard Cohen

PAPI REVENAIT À LA MAISON avec la chemise constellée de taches noires. Je le revois se lavant les mains dans l'évier de la cuisine, frottant ses phalanges face à la fenêtre. Après un temps, il a cessé de le faire et je me suis habitué à ce que ses doigts donnent l'impression qu'il venait de travailler sous le capot d'une voiture.

Un jour, il est rentré avec un sourire aussi épanoui que s'il avait remporté un prix. Il avait été promu au poste de directeur administratif des stocks, ce qui faisait bien mieux que métallurgiste. En nous mettant au lit, plus tard, Maman nous a expliqué qu'il serait maintenant au premier étage de l'usine, avec une fenêtre dans son bureau ; le lendemain matin, nous irions lui acheter un costume et un attaché-case.

Une fois, Papi regardait la télé, Maman et Estrella étaient parties au supermarché, nous n'étions que tous les deux et je lui ai demandé ce qu'il aurait aimé devenir s'il avait pu suivre des études. Il avait répondu qu'il aurait voulu être peintre, et pas en bâtiment : artiste peintre. Au garage, il y avait une toile de lui, une cascade entre deux montagnes, avec deux chevreuils devant. Quand nous nettoyions les étagères, ou que nous descendions du grenier les décorations de Noël, je contemplais le tableau sans arriver à croire que c'était Papi qui l'avait peint. On aurait dit l'œuvre d'un professionnel.

Dans le salon d'essayage du Mervyn, avec le costume bleu marine pour son nouveau poste, il avait l'air de sortir d'un film. J'ai plaisanté : « Où est le sombrero ? » J'avais envie qu'il chante, qu'il fasse un pas de deux. Tendant les bras, je me suis exclamé : « *¡Ay ! Te ves muy caballero* », Ah, un vrai monsieur ! Estrella lui a apporté des cravates de différentes couleurs et l'a complimenté sur son allure ; il les a essayées debout devant la glace, son sourire bêta aux lèvres, les doigts de pied se tortillant dans ses chaussettes. Nos visages apparaissaient de chaque côté de son dos, alors que nous tentions de voir dans le miroir à quoi ressemblait un directeur administratif.

Ce soir-là, Papi n'arrêtait pas de reprendre le journal qu'il avait pourtant déjà lu. Il allait au garage, revenait, retournait au garage. Avant d'aller me coucher, je l'ai serré dans mes bras. « *¿Qué ?* Tu ne fais jamais ça ! » m'a-t-il dit, étonné.

Quand je suis rentré de l'école le lendemain, Maman a appelé. « Il ne l'a pas, a-t-elle dit comme s'il avait oublié d'acheter un paquet de céréales sur le chemin de la maison.

— Comment ?

— Il n'a pas le poste, Luz. »

Elle se trouvait de l'autre côté de l'autoroute, en train d'aider quelqu'un à préparer une *piñata* pour une *posada* qui aurait lieu le week-end, et elle ne reviendrait que plus tard. Elle m'a expliqué que la promotion avait été annulée, qu'ils avaient changé d'avis. À cause de son anglais, peut-être ; elle ne savait pas.

« Sois gentille, c'est tout. Ne dis rien. Comporte-toi normalement. »

En raccrochant, j'ai pensé que Papi allait arriver d'une minute à l'autre et que je n'avais pas idée de ce que je devais faire. Et si j'allais aider Tencha à préparer les *tamales* ? Finalement, j'ai choisi d'aller dans ma chambre. Lorsqu'il est rentré, j'ai fait semblant de dormir.

Le samedi, alors que nous jouions à la *lotería* avec les Silva, Papi a fait quelque chose de totalement inattendu. Quand on tire une carte, il faut chanter la devinette. C'est ce qui différencie ce jeu mexicain du bingo américain. Ce n'est pas aussi facile que d'annoncer les numéros : à la *lotería*, on doit résoudre l'énigme pour révéler chaque carte, ou bien surveiller de près les cartes qui sortent. Et plus vite on répond, plus le jeu est animé. Papi s'est levé et s'est mis à « chanter » les cartes. Au début, il avait une bonne voix mais on le sentait nerveux, et puis, la partie avançant, il a gagné en assurance.

« Don Ferruco en la alameda, su bastón quería tirar ! » (El Catrin)

« Don Ferruco sur la promenade voulait jeter sa canne ! » (Le coquet)

« Para el sol y para el agua ! » (El Paraguas)

« Pour le soleil et pour l'eau ! » (Le parapluie)

« El que con la cola pica, le dan una paliza ! » (El Alácran)

« Celui qui pique avec la queue reçoit un coup, et deux ! » (Le scorpion)

Tout le monde connaît ces charades que l'on se répète lors des fêtes paroissiales et des soirées entre amis, mais certains en inventent pour le plaisir. *La Sirena*, par exemple : chaque fois qu'on tirait cette carte, l'oncle Fernando sifflotait parce que la sirène a les seins à l'air, alors Pancho Silva, qui faisait souvent l'annonceur, disait : « *La encuerada para tu Tío Fernando* », « La toute-nue pour ton oncle Fernando ». Et puis il y avait aussi *El Venado* (Le chevreuil) : « *Lo que tu Tío José mata cada fin de semana* », « Ce que ton oncle José tue chaque fin de semaine »...

Cette fois où Papi a chanté les cartes, j'ai découvert qu'il connaissait toutes les devinettes. Jamais je ne l'avais entendu faire l'annonceur jusqu'ici, tout comme j'avais ignoré son rêve d'être peintre.

Il a commencé à les entonner avec autant d'aisance que s'il les connaissait depuis l'enfance. Je n'arrivais pas à suivre la partie, tellement il chantait vite, et fort. Pancho n'arrêtait pas de lui apporter des bières, ce qui faisait encore monter le volume de sa voix. J'ai regardé Papi, le menton levé haut, mettant tout son cœur dans les annonces, sans se préoccuper de ce que les autres pensaient de lui. Assis là, je ne le quittais pas des yeux et je n'avais même pas envie de jouer, j'en étais incapable : je me suis mis à applaudir dans ma tête, doucement d'abord, puis de plus en plus fort, jusqu'à ce que quelqu'un crie avec un tel enthousiasme que toute la table a éclaté de rire : « *Lotería !* »

Mexicain-américain, Mario Alberto Zambrano *est un ancien danseur de ballet contemporain devenu romancier. Son premier roman,* Lotería, *a été publié en juillet 2013.*

Les éditions Belfond remercient chaleureusement tous les traducteurs ayant participé à ce projet.

Table

Collection « Littérature étrangère »

ADAMS Poppy
Le Temps des métamorphoses

ADDERSON Caroline
La Femme assise

AGUÉEV M.
Roman avec cocaïne

ALI Monica
Sept mers et treize rivières
Café Paraíso
En cuisine
La Véritable Histoire de Lady L.

ANDERSON Scott
Triage
Moonlight Hotel

ARLT Roberto
Les Sept Fous
Les Lance-Flammes

ARPINO Giovanni
Une âme perdue
Le Pas de l'adieu
Mon frère italien

AUSLANDER Shalom
La Lamentation du prépuce
Attention Dieu méchant
L'Espoir, cette tragédie

BALLANTYNE Lisa
Un visage d'ange

BAXTER Charles
Festin d'amour

BENIOFF David
24 heures avant la nuit

BEZMOZGIS David
Le Monde libre

BLOOM Amy
Ailleurs, plus loin

BROOKNER Anita
Hôtel du Lac
États seconds
La Vie, quelque part
Une chute très lente
Une trop longue attente
Fêlures
Le Dernier Voyage

BROOKS Geraldine
Le Livre d'Hanna
La Solitude du Dr March
L'Autre Rive du monde

BROWN Clare
Un enfant à soi

CABALLERO Antonio
Un mal sans remède

CAICEDO Andrés
Que viva la música !
Traversé par la rage

CAÑÓN James
Dans la ville des veuves intrépides

CASH Wiley
Un pays plus vaste que la terre

CONNELL D. J.
Julian Corkle est un fieffé menteur
Sherry Cracker et les sept voleurs

CONROY Pat
Le Prince des marées
Le Grand Santini

COURTENAY Bryce
La Puissance de l'Ange

CUNNINGHAM Michael
La Maison du bout du monde
Les Heures
De chair et de sang
Le Livre des jours
Crépuscule

DORRESTEIN Renate
Vices cachés
Un cœur de pierre
Sans merci
Le Champ de fraises
Tant qu'il y a de la vie

DOUGHTY Louise
Je trouverai ce que tu aimes
Portrait d'une femme sous influence

DUNANT Sarah
La Courtisane de Venise
Un cœur insoumis

DUNMORE Helen
Un été vénéneux
Ils iraient jusqu'à la mer
Les Petits Avions de Mandelstam
La Maison des orphelins

EDELMAN Gwen
Dernier refuge avant la nuit

ELTON Ben
Nuit grave
Ze Star

FERRARIS Zoë
La Disparue du désert
Les Mystères de Djeddah
Clandestines

FEUCHTWANGER Lion
Le Juif Süss

FITZGERALD Helen
Le Don

FLANAGAN Richard
La Fureur et l'Ennui
Désirer

FRENCH Paul
Minuit à Pékin

FREY James
Mon ami Leonard

FROMBERG SCHAEFFER Susan
Folie d'une femme séduite

FRY Stephen
L'Hippopotame

GAIGE Amity
Schroder

GALE Patrick
Chronique d'un été
Une douce obscurité
Tableaux d'une exposition
Jusqu'au dernier jour

GARTSIDE Mark
Ce qui restera de nous

GEE Maggie
Ma bonne

GEMMELL Nikki
Les Noces sauvages
Love Song

GEORGE Alex
Une symphonie américaine

GILBERT David
Les Normaux
Les Marchands de vanité

GUSTAFSSON Lars
La Mort d'un apiculteur

HAGEN George
La Famille Lament
Les Grandes Espérances du jeune Bedlam

HODGKINSON Amanda
22 Britannia Road

HOMES A. M.
Mauvaise mère

HOSSEINI Khaled
Les Cerfs-Volants de Kaboul
Mille soleils splendides
Les Cerfs-Volants de Kaboul
(roman graphique)
Ainsi résonne l'écho infini des montagnes

HUTCHINS Scott
L'Amour comme hypothèse de travail

JOHNSTON Jennifer
Petite musique des adieux
Ceci n'est pas un roman
De grâce et de vérité
Un Noël en famille

JONES Kaylie
Dépendances

JORDAN Hillary
Mississippi
Écarlate

KAMINER Wladimir
Voyage à Trulala

KANON Joseph
L'Ultime Trahison
L'Ami allemand
Alibi

KENNEDY Douglas
La Poursuite du bonheur
Rien ne va plus
Une relation dangereuse
L'homme qui voulait vivre sa vie

La Fin des bonnes manières

MCAFEE Annalena
Le Doux Parfum du scandale

MCCANN Colum
Danseur
Les Saisons de la nuit
La Rivière de l'exil
Ailleurs, en ce pays
Le Chant du coyote
Zoli
Et que le vaste monde poursuive sa course folle

MCCOURT Frank
C'est comment l'Amérique ?
Teacher Man, un jeune prof à New York

MCGARRY MORRIS Mary
Mélodie du temps ordinaire
Fiona Range
Un abri en ce monde
Une douloureuse absence
Le Dernier Secret
À la lueur d'une étoile distante

MERCURIO Jed
La Vie sexuelle d'un Américain sans reproche

MILLS Jenni
Le Murmure des pierres

MORTON Brian
Des liens trop fragiles

MURAKAMI Haruki
Au sud de la frontière, à l'ouest du soleil
Les Amants du Spoutnik
Kafka sur le rivage
Le Passage de la nuit
La Ballade de l'impossible
L'éléphant s'évapore
Saules aveugles, femme endormie
Autoportrait de l'auteur en coureur de fond
Sommeil
1Q84 (Livre 1)
1Q84 (Livre 2)
1Q84 (Livre 3)
Chroniques de l'oiseau à ressort
Les Attaques de la boulangerie
Underground

MURRAY Paul
Skippy dans les étoiles

NICHOLLS David
Un jour
Pourquoi pas ?
Pour une fois

O'CONNOR Scott
Ce que porte la nuit

O'DELL Tawni
Le Temps de la colère
Retour à Coal Run

Le ciel n'attend pas
Animaux fragiles

O'FARRELL Maggie
Quand tu es parti
La Maîtresse de mon amant
La Distance entre nous
L'Étrange Disparition d'Esme Lennox
Cette main qui a pris la mienne
En cas de forte chaleur

ONSTAD Katrina
La Vie rêvée des gens heureux

OWENS Damien
Les Trottoirs de Dublin

OZEKI Ruth
En même temps, toute la terre et tout le ciel

PAYNE David
Le Dragon et le Tigre : confessions d'un taoïste à Wall Street
Le Monde perdu de Joey Madden
Le Phare d'un monde flottant
Wando Passo

PEARS Iain
Le Cercle de la Croix
Le Songe de Scipion
Le Portrait
La Chute de John Stone

PENNEY Stef
La Tendresse des loups
Le Peuple des invisibles

PICKARD Nancy
Mémoire d'une nuit d'orage

PIZZOLATTO Nic
Galveston

POLLEN Bella
L'Été de l'ours

RADULESCU Domnica
Un train pour Trieste

RAVEL Edeet
Dix mille amants
Un mur de lumière

RAYMO Chet
Le Nain astronome
Valentin, une histoire d'amour

RELINDES ELLIS Mary
Bohemian Flats

ROBERTS Carolina De
La Montagne invisible

ROLÓN Gabriel
La Maison des belles personnes

ROSEN Jonathan
La Pomme d'Ève

SANSOM C.J.
Dissolution
Les Larmes du diable
Sang royal

Un hiver à Madrid
Prophétie
Corruption
Dominion

SAVAGE Thomas
Le Pouvoir du chien
Rue du Pacifique

SCHWARTZ Leslie
Perdu dans les bois

SEWELL Kitty
Fleur de glace

SHARPE Tom
Fumiers et Cie
Panique à Porterhouse
Wilt 4 – Le Gang des mégères inapprivoisées ou Comment kidnapper un mari quand on n'a rien pour plaire
Wilt 5 – Comment enseigner l'histoire à un ado dégénéré en repoussant les assauts d'une nymphomane alcoolique

SHIPSTEAD Maggie
Plan de table

SHREVE Anita
Le Poids de l'eau
Un seul amour
La Femme du pilote
Nostalgie d'amour
Ultime rencontre
La Maison du bord de mer
L'Objet de son désir
Une lumière sur la neige
Un amour volé
Un mariage en décembre
Le Tumulte des vagues
Une scandaleuse affaire
Un jour après l'autre

SHRIVER Lionel
Il faut qu'on parle de Kevin
La Double Vie d'Irina
Double faute
Tout ça pour quoi

SILVESTRE Edney
Si je ferme les yeux
Le bonheur est facile

SMILEVSKI Goce
La Liste de Freud

SMITH Tom Rob
Enfant 44

SOLER Jordi
Les Exilés de la mémoire
La Dernière Heure du dernier jour
La Fête de l'Ours
Dis-leur qu'ils ne sont que cadavres

SPELLER Elisabeth
Le Retour du capitaine Emmett

STEINBERG Janice
Les Belles Promesses

SWARUP Vikas
Les Fabuleuses Aventures d'un Indien malchanceux qui devint milliardaire
Meurtre dans un jardin indien
Pour quelques milliards et une roupie

TOBAR Héctor
Printemps barbare
Jaguar

TOLTZ Steve
Une partie du tout

TSIOLKAS Christos
La Gifle
Jesus Man

ULINICH Anya
La Folle Équipée de Sashenka Goldberg

UNSWORTH Barry
La Folie Nelson

VALLEJO Fernando
La Vierge des tueurs
Le Feu secret
La Rambla paralela
Carlitos qui êtes aux cieux

VERMES Timur
Il est de retour

WARD Jesmyn
Bois Sauvage
Ligne de fracture

WATSON Larry
Sonja à la fenêtre

WEBB Katherine
L'Héritage
Pressentiments
À la claire rivière

WEISGARBER Ann
L'Histoire très ordinaire de Rachel Dupree

WELLS Rebecca
Fleurs de ya-ya

WEST Dorothy
Le Mariage

WINGFIELD Jenny
Les Ailes de l'ange

WOLF Jack
Misericordia

ZHANG Xianliang
La mort est une habitude
La moitié de l'homme, c'est la femme

ZWEIG Stefan
Le Monde d'hier. Souvenirs d'un Européen

Composition : Facompo, Lisieux

MIXTE
Issu de sources responsables
FSC® C003309

Cet ouvrage a été imprimé en France par

BRODARD & TAUPIN

La Flèche
en mai 2014

N° d'impression : 3005634
Dépôt légal : juin 2014